Glutstaufe

Wege aus Burnout, Depressionen oder Lebenskrisen

Glutstaufe

2016 Jens Erik
2. Auflage

Herstellung und Verlag: BoD – Books on Demand, Norderstedt
ISBN lautet 978-3-7412-9590-4

Das Werk, einschließlich seiner Teile, ist urheberrechtlich geschützt und geistiges Eigentum des Autors. Jede Verwertung ist ohne Zustimmung des Verlages und des Autors unzulässig. Dies gilt insbesondere für die elektronische oder sonstige Vervielfältigung, Übersetzung, Verbreitung und öffentliche Zugänglichmachung.

Glutstaufe

Jens Erik

Glutstaufe

Meiner Venus,

*mit der ich die schlimmsten Schlachten durchlebte,
und die der Sonne viel näher ist, als sie glaubt
oder als ich es jemals sein könnte.*

*In Liebe,
Dein Alien vom Mars*

Jens Erik

Inhaltsverzeichnis:

Prolog　　　　　　　　　　　　　　　　　　7

1. Sind Sie ein guter Beobachter?　　　　　　12
2. Das Ding mit der Aufmerksamkeit　　　　　17
3. Umgang mit Schuld und Verantwortung　　22
4. Vertrauen Sie sich eigentlich?　　　　　　　25
5. Alles eine Frage der Dosierung　　　　　　30
6. Unterschied: Denken und Handeln　　　　34
7. Haben Sie Humor?!　　　　　　　　　　　38
8. Vorausschau und Mut zur Lücke　　　　　41
9. Nutzen Sie Ihre Kraftquellen!?　　　　　　47
10. In Wünschen steckt Glückseligkeit　　　　51
11. Therapeuten sind auch nur Menschen　　58
12. Von Mitgefühl und Anteilnahme　　　　　64
13. Die Kraft des Moments　　　　　　　　　67
14. Von Trickbetrügern und Blendern　　　　72
15. Nein machen!　　　　　　　　　　　　　77
16. Entscheidungen mit Augenmaß　　　　　82

17. Affekte und Aggressionen	89
18. Grübeleien und Gedanken loslassen	94
19. Gute Nacht statt Schlafprobleme	100
20. Zwang, Sucht und innere Balance	107
21. Wie Sie gute Kontakte pflegen	114
22. Das gute Gespräch	118
23. Menschen lesen lernen	121
24. Können Sie sich einigen?	126
25. Der Umgang mit starken Gefühlen	130
26. Die wahre Liebe entdecken	136
27. Für schlechte Tage: Die 5-Minutenregel	145
28. Die Selbsthilfe Gesellschaft	148
29. Fernweh, Heimweh, Fußweh	157
30. Und nach der *Glutstaufe* – die Zukunft	163
Finale	**167**
Über den Autor	**172**
Anhang – Tipps zu den Kraftquellen	**174**
Zum Weiterlesen – Literatur- und Hinweisliste	**180**

Prolog

Seligkeit ist Genuss ohne Reue.

Sokrates, 469-399 v. Chr., griechischer Philosoph und Wahrheitssucher

Liebe Leser!

Mit diesem Buch richte ich mich vor allem an jene Menschen, die sich im Leben schon einmal deutlich überfordert fühlten oder in irgendeiner Art eine schwere Zeit durchlebten. Sei es, dass dies durch die Arbeitswelt, das Privatleben, gesundheitlich oder aus anderen Gründen hervorgerufen wurde.

In unserer sich schnell verändernden Gesellschaft sind immer mehr Menschen von starken Veränderungen oder Schicksalsschlägen betroffen. Dabei sind nachfolgende Krisen recht schmerzlich: Sie hinterlassen oft Spuren in unserer Seele und verändern unsere Persönlichkeit.

Wie wir diesen Schmerz überwinden können und über das, was danach kommen kann, habe ich in diesem Buch geschrieben.

Warum „*Glutstaufe*"?

Dieses Buch habe ich „*Glutstaufe*" genannt, da dies für mich gut beschreibt, wie wir bisweilen durch die Hölle gehen und uns auch ein paar Narben an der Seele zuziehen, bevor wir uns dadurch verändern und wachsen können.

Ich denke, ich weiß wovon ich spreche. Nach mehrfachem Burnout sowie nachfolgenden Depressionen und Lebenskrisen sind mir allmählich einige einfache, aber ungemein hilfreiche Erkenntnisse gekommen, die ich in diesem Buch für mich und andere festhalten möchte. Dabei bin ich vielen Weggefährten sehr dankbar, die mir geholfen haben, meinen Weg zu gehen und so auch ihren Anteil an diesem Buch beigetragen haben.

Ansonsten wollte ich mit einem ansprechenden Titel auch Ihre Neugier erwecken. Wer liest schon „*neue Wege aus Burnout*" oder ähnliches? Ich hoffe Sie inzwischen für die weiteren Zeilen neugierig gemacht zu haben und verspreche Ihnen jetzt schon einmal ein kurzweiliges Buch mit vielen neuen Erkenntnissen.

Krisen können uns nützen!

Vieles sehe ich nach meiner Zeit der Krisen anders. Vielleicht haben Sie so etwas auch schon durchgemacht und dadurch Ihre Lebenseinstellungen verändert. Nun, Sie werden sicher nicht alles so sehen wie ich – das hoffe ich sogar. Jeder muss schließlich seine eigenen Wege gehen und selbst für sich herausfinden, was ihm am besten hilft. Verstehen Sie daher meine Ausführungen stets nur als Anregung Ihre Gedanken, Ihr Verhalten oder Ihre Handlungen zu überdenken.

Dieses Buch soll auch kein Ratgeber sein, wenngleich es einige hierfür halten könnten. In diesem Buch geht es eher um Selbsterkenntnis, Harmonie und Glückseligkeit. Genaugenommen Ihre Selbsterkenntnis, Ihre Harmonie und Ihre Glückseligkeit. Quasi als Gegenpol zur Überforderung, wie beim Burnout, Depressionen, Lebenskrisen oder ähnlichen heutigen Zivilisationserscheinungen.

Nun hat ja jeder von uns eine andere Geschichte, andere Eigenschaften oder besondere Vorstellungen vom Leben. Jeder „tickt" eben etwas anders und das gilt es unbedingt zu berücksichtigen. Was mir daher sehr am Herzen liegt, ist der

Fokus auf Ihre Bedürfnisse und Möglichkeiten.

Den jeweiligen Ursachen oder Krankheitsbildern möchte ich dabei gar nicht unbedingt auf den Grund gehen. Das kann ein Buch kaum leisten, ist kompliziert und hilft meiner Erfahrung nach vielen Betroffenen weniger als sie erhofft haben. In welcher Krise wir auch stecken, meist helfen ganz ähnliche Ansätze, um uns nachhaltig ins seelische Gleichgewicht zu bringen. Das möchte ich Ihnen vermitteln und dabei auch versuchen, mit Ihnen zusammen über unseren eigenen Tellerrand zu sehen und viel Neues zu entdecken.

Unter anderem brauchen wir dafür auch geeignete Vorsätze und genügend Geduld, diese umzusetzen und durchzuhalten. Hier und da könnten wir sicher auch mit etwas mehr Ruhe und Bescheidenheit an die Dinge gehen, um uns nicht zu überfordern. Auch hier hoffe ich, Ihnen einige Anregungen für mehr Ausgeglichenheit in Ihrem Kräftehaushalt geben zu können.

Das alles möchte ich mit der kurzen Frage zusammenfassen, die ich mit diesem Buch natürlich auch ein Stück weit zu beantworten versuche:

Wie finden wir unsere innere Balance?

Noch etwas Persönliches: Dass ich mich überhaupt daran gemacht habe, dieses Buch zu schreiben, hat noch einen besonderen Grund. Zwar habe ich schon viele gute Ratgeber gelesen, allerdings fehlte mir oft eine praktikable Anleitung zur Ausführung der Erkenntnisse. Ich fühlte mich häufig mit guten Tipps allein gelassen und wusste nicht, wie ich etwas aus einer Krise heraus bewegen sollte. Darum wollte ich ein Buch schreiben, wie ich es gebraucht und gerne gelesen hätte. Diese Lücke habe ich nun zumindest für mich geschlossen und hoffe, dass es auch Ihren Geschmack trifft.

Für dieses Buch habe ich gerade deshalb auch eine hoffentlich kurzweilige Kolumnenform gewählt, um die Themen gut verdaubar und nachschlagbar zu machen. Diese „Häppchen" laden Sie hoffentlich recht oft zum Pausieren und Nachdenken ein. Dieses Buch ist ja kein Roman – daher sind Bedenkzeiten zum „Sackenlassen" immer gut.

Lassen Sie sich genügend Zeit.

Die Kapitel bauen am Anfang ein wenig aufeinander auf, sind aber ansonsten selbständige Einheiten zu den jeweiligen Themen. Sie werden darin neben Fragen und Vorschlägen auch absichtlich viele Metaphern, Sinnsprüche, Eselsbrücken oder praktische Hilfsvorstellungen finden. Ich baue gerne darauf, um Erkenntnisse anschaulicher und einprägsamer zu machen. Daher habe ich zu jedem Kapitel auch eine Grafik angefertigt, die dieses kurz zusammenfassen und abschließen soll. Lassen Sie sich ruhig Zeit beim Lesen und probieren Sie das eine oder andere einfach einmal aus.

Ein paar Weisheiten von Philosophen und Staatsmännern der Antike habe ich den Kapiteln jeweils noch vorangestellt. Sie werden vielleicht schmunzelnd erkennen, wie alt manche unserer Probleme sind. Den Blick für alte und neue Erkenntnisse möchte ich uns so offen halten.

Weiterhin möchte ich Sie gerne dazu ermuntern, ihre eigenen Ansichten, Erfahrungen oder Erkenntnisse im Leben festzuhalten und diese auch mit anderen auszutauschen. Das ist mein Vorschlag und Wunsch zugleich. Am Ende jedes Kapitels habe ich Ihnen deshalb auch immer etwas Platz gelassen für Ihre eigenen Gedanken, Vorsätze und Aufzeichnungen. Nutzen Sie diesen Raum und suchen Sie sich vielleicht schon einmal einen schicken Stift dafür heraus.

Glutstaufe

Vielleicht kommen Sie so dem Rätsel des Lebens ein Stück auf die Spur. Mir hat das Schreiben sehr geholfen und nun wünsche ich Ihnen

viel Spaß und neue Erkenntnisse beim Lesen!

Mit den besten Wünschen, Ihr

Jens Erik

Wenn Sie hier schon etwas notieren möchten:

Platz für Ihre Gedanken und Erwartungen: _____
_____ ...

1. Sind Sie ein guter Beobachter?

Wer etwas kann, ist immer reich.

Phädrus, um 40 n. Chr., Ex-Sklave und antiker Dichter

Sie sind vermutlich schon neugierig auf das, was nun kommt. Ich möchte Ihnen zunächst aber gar nicht viel erzählen, sondern mit Ihnen erst einmal unsere Beobachtungsgabe verbessern, oder wie ich das nenne „*die Sinne schärfen*". Das ist wie beim Holzfäller, dem man ja auch stets empfiehlt, seine Säge vor der Arbeit zu schärfen. Damit fällt es auch allen von uns leichter, Neues zu entdecken und später mit unseren Bedürfnissen abzugleichen.

Eine gute Beobachtungsgabe zu besitzen ist im Grunde etwas, das wir immer ganz gut gebrauchen können. Das ist meines Erachtens vor allem die

Achtsamkeit für uns und unsere Umwelt.

Das Gute daran ist, dass jeder von uns das recht einfach kann, sofern er aufmerksam und möglichst unbefangen an die Dinge herangeht. OK, ein paar Hinweise hier und da sowie ein wenig Übung können sicher nicht schaden. Wie wir da am besten herangehen, möchte ich Ihnen in zwei Etappen vermitteln. Da geht es zunächst um unsere Sinne und später um die Bewertung unserer Wahrnehmung.

Kommen wir zunächst zur effektiveren Nutzung unserer Sinne. Wo auch immer Sie jetzt gerade sind und falls Sie noch etwas Zeit haben, machen Sie mal alle „Kanäle" nacheinander auf. Zunächst sehen Sie sich einmal Ihre Umwelt ganz bewusst an – zoomen Sie sich quasi Ihre Umwelt langsam von der Ferne immer näher zu sich heran. Was ist im Hintergrund, was in der Mitte und was liegt direkt vor Ihnen? Auch Menschen und besonders deren

Gesichter zu beobachten, kann sehr spannend sein. Lassen Sie sich Zeit.

Als nächstes *hören* Sie Ihre Umwelt – vielleicht schließen Sie die Augen dabei. Falls Sie demnächst im Park oder auf der Strasse Vogelgezwitscher hören, versuchen Sie doch einmal zu zählen, wie viele Vögel es sein könnten. Es sind wahrscheinlich mehr Stimmen als Sie denken. Selbst in dem ruhigsten Winkel dieser Erde werden Sie so noch etwas hören können und auch in einem sehr lauten Raum werden Sie einzelne Geräusche isolieren können. Wie funktioniert das? Wir können

mit dem Fokus auf einzelne Sinne mehr erkennen.

Das ist sicher eine sehr interessante Übung zum Schärfen unserer Wahrnehmung: Wir nehmen durch die Konzentration auf einzelne Sinne deutlicher wahr und werden so auch mehr erkennen. Ein interessanter Nebeneffekt ist, dass wir so auch recht einfach „Störquellen" ausschalten können. Wen interessiert schon der quasselnde Nachbar, wenn wir stattdessen Vögel beobachten oder deren Stimmen zählen können? Besser auf das Schöne, Positive schauen und nicht auf das, was stört. Aber dazu kommen wir später auch noch einmal.

Nun noch zu unserer inneren Wahrnehmung: Wo Sie jetzt auch sitzen oder stehen, *spüren* Sie einmal in Ihre Füße und Beine. Diese „erden" uns quasi und geben Halt auf dem Boden. Mal sind sie leicht, mal auch schwer. Spüren Sie Ihre Kleidung auf der Haut? Das können Sie gerne noch mit allen anderen Körperbereichen durchspielen. Auch den Atem zu hören, oder auch einmal seinen eigenen Puls an der Schläfe zu spüren, kann sehr beruhigend sein. Spüren Sie solange in sich hinein, wie Sie möchten.

Die inneren Sinne zu nutzen, bringt uns ebenfalls einer ganzheitlichen Wahrnehmung näher und schärft auch unsere Beobachtungsgabe für unsere innersten Bedürfnisse. Wenn ihnen diese Übung zusagt, dann können Sie sie jederzeit wiederholen. Besonders dann, wenn es irgendwo einmal langweilig wird. Wartezimmer, Fahrstühle, Bus und Bahn sind da sehr geeignet. Kurz zusammengefasst möchte ich empfehlen:

Nutzen wir unsere inneren und äußeren Sinne.

Nutzen wir sowohl die Sinne, die unsere Umwelt und Umgebung betreffen (*sehen, hören, tasten* etc.) als auch die, die wir auf unsere innere Welt und unseren Körper richten (*fühlen, spüren* etc). Oft führt dabei eine Konzentration auf einzelne Kanäle zu einer verstärkten Wahrnehmung. Ich wiederhole mich hier bewusst. Gehen Sie das also ruhig noch einmal Stück für Stück durch. Mit der Zeit fällt es jedem von uns leichter, sich auf die einzelnen Kanäle zu konzentrieren und seine Umwelt sowie sich selbst dadurch besser wahrzunehmen.

Nun zur zweiten Etappe unserer Reise: Zur *Bewertung*. Ich denke inzwischen, dass wir oft dazu neigen, Beobachtetes übereilt zu kritisieren oder in bekannte Schubladen zu packen. Das mag nützlich sein, um schnell in unsere Welt zurechtzukommen, behindert aber oft die Möglichkeit, Neues zu entdecken. Wir reisen so oft nur auf bekannten aber ausgetretenen Pfaden.

Als banales Beispiel nehmen wir uns doch einmal das berühmte „*halbvolle oder halbleere Glas*" vor. Jeder kennt es, aber kaum jemand macht sich die Mühe über das Glas oder dessen Inhalt nachzudenken. Es gibt jedoch recht unterschiedliche Vorstellungen dazu – für Männer ist es oft ein Bierglas mit Bier und für Frauen eben ein Wasserglas mit Wasser. Fragen Sie ruhig einmal in Ihrer Umgebung nach und überprüfen Sie meine Theorie. Jeder sieht die Dinge eben anders und daher schadet ein Nachfragen nie – darauf möchte ich hinaus.

Glutstaufe

Machen wir uns doch ein wenig frei von unseren bisherigen Ansichten und hinterfragen die Dinge lieber. Vielleicht nicht alles im Leben, aber zumindest das, was wir für interessant halten oder uns wichtig erscheint. Und je wichtiger uns etwas erscheint, desto mehr Mühe könnten wir uns doch geben, verschiedene Blickwinkel einzunehmen, Unbequemes anzusehen oder verschiedene Anschauungen zu vergleichen. Über unseren eigenen Tellerrand zu sehen, bringt meist schon einen interessanten Erkenntniszuwachs. Daher mein Vorschlag:

Sehen Sie sich die Dinge an, ohne sie zu bewerten.

Egal, ob es sich um unsere Umwelt oder innere Welt handelt. Kein Ding an sich ist gut oder schlecht. Warm ist warm, kalt ist kalt – aber mal ist uns das eine, mal das andere angenehm. Versuchen wir doch die nächste geeignete Situation möglichst von allen Seiten zu beobachten und zu verstehen, bevor wir darauf reagieren. Ich meine: Verstehen kommt vor Lösen. Und je besser wir unsere Welt verstehen, desto besser kommen wir auch in ihr zurecht.

Und, haben Sie Geduld! Unsere Wahrnehmung zu verändern braucht Zeit und viel Übung. Auch stellt sich der Nutzen nicht immer gleich ein. Radfahren oder Schwimmen haben wir auch nicht an einem Tag erlernt. Aber dadurch haben wir uns neue Optionen der Fortbewegung geschaffen. So ist es auch mit der Beobachtungsgabe. Einmal richtig erlernt, kommen wir auch jederzeit schnell wieder rein. Üben Sie, wann immer sie möchten.

Am Ende dieses und jedes folgenden Kapitels gibt es dann immer noch „*Mein Tipp*" zum Thema des Kapitels und eine Zusammenfassung als Abbildung. Darunter haben Sie dann Platz für Ihre Notizen, Zeichnungen, Gedanken oder Erkenntnisse – Sie werden ja nicht alles so sehen wie ich, und da können Sie das dann loswerden. Bis gleich im zweiten Kapitel, wo es um unsere Aufmerksamkeit und Achtsamkeit geht.

Mein Tipp: Wenn wir etwas nicht erkennen, wissen oder verstehen, ist das ja nicht schlimm. Wir sollten uns dann vielleicht erst einmal mit Annahmen und Kommentaren zurückhalten. Nachlesen oder -prüfen ist vielleicht günstiger, als uns in die Nesseln zu setzen. Auch diese Erkenntnis, dass wir uns manchmal auf unsicherem Terrain bewegen, braucht so etwas wie eine gute Wahrnehmung.
Von den alten Griechen gibt es eine schöne Geschichte hierzu. Da gab es einmal eine lange Diskussion über die Anzahl der Zähne in Pferdegebissen. Alle argumentierten und machten Vorschläge, aber es konnte keine Einigung erzielt werden. Dann wurde auch der Schreiber gefragt. Der wusste es zwar auch nicht, ging aber schließlich in den Stall, um an einem Pferd nachzuzählen...
Auch das fällt offenkundig unter eine gute Beobachtungsgabe; *„zu wissen, was ich nicht weiß"* - frei nach Platon und Sokrates...

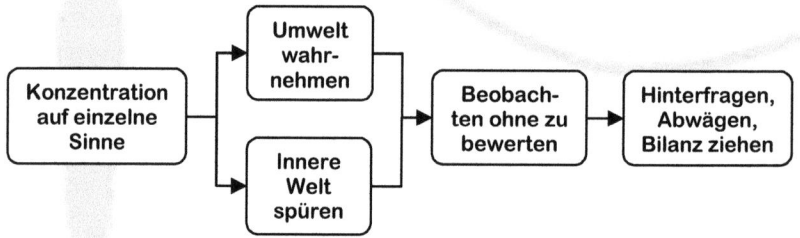

Abbildung 1: Schärfen Sie Ihre Sinne und verbessern Sie Ihre Beobachtungsgabe.

Platz für Ihre eigenen Beobachtungen:_____
_____...

2. Das Ding mit der Aufmerksamkeit

*Wer bei Verstande ist, setzt seine Hoffnung auf Erreichbares.
Wer unverständig ist, der hofft stets das Unmögliche.*

Demokrit, um 450-360 v.Chr., griechischer Philosoph und Sonnyboy

Wissen Sie wozu es die Zeit gibt? Damit nicht alle Dinge gleichzeitig passieren... Und trotzdem versuchen wir doch immer wieder alles gleichzeitig zu erledigen. Aber wie viel können wir eigentlich auf einmal machen, ohne uns zu überlasten oder gar zusammenzubrechen? Anders gefragt: Können wir tatsächlich „Multitasking"? Unsere Umwelt suggeriert uns oft, dass vieles synchron gemacht werden kann oder sogar muss. Ist das so und ist das gut?

Ein Arzt meinte mal, dass Frauen Multitasking besser können als Männer. Das denken sicher viele Menschen und ich musste ein wenig darüber nachdenken. Beim nächsten Treffen fragte ich ihn, ob er oder seine Frau gern bügeln und gelegentlich dabei fernsehen oder telefonieren. Er hatte das mal erwähnt, folglich bejahte er meine Frage. Nun fragte ich, wann das Ergebnis besser ausfällt; wenn er/sie konzentriert bügelt oder wenn nebenbei ferngesehen und telefoniert wird? Ich erntete ein Schmunzeln, aber es ist (geschlechtsunabhängig) stets das Gleiche – machen wir nur eine Sache (Monotasking), läuft es einfach besser. Vielleicht ist Bügeln und Fernsehen nicht das beste Beispiel, aber spätestens wenn eine spannende Stelle bei einem Film kommt und Sie das Bügeln unterbrechen, werden Sie wissen wie ich das meine. Das kann ja jeder einmal überprüfen...

**Mono- und Multitasking haben beide
ihre Berechtigung.**

Ich könnte jetzt schließen mit der Empfehlung: Wir sollten möglichst immer nur eine Sache nach der anderen machen. Das ist zwar zumeist richtig und unserem „Aufmerksamkeitszentrum", dem *Formatio Reticularis*, wäre das so auch am liebsten – es wäre aber nur die halbe Wahrheit. In Wirklichkeit hat es jeder sicher schon mal erlebt wie wahrhaft berauschend es sein kann, wenn wir wie ein chinesischer Tellerakrobat viele Dinge gleichzeitig machen und hinbekommen. Viele Tätigkeiten oder gerade Sportarten funktionieren nach diesem Prinzip. Beim Kochen, Klavierspielen, Tanzen oder Fußballspielen zum Beispiel müssen wir vieles gleichzeitig machen, bedenken und unsere Aufmerksamkeit regelrecht zerteilen. Das ist am Ende doch auch wohltuend und dadurch gibt es doch oft erst einen Kick im Leben, oder?

Durch angemessene Zielsetzung den *„Flow"* erleben und damit Burnout oder Boreout überwinden.

Hier möchte ich noch anmerken, wenn alles gut gelingt, gibt es oft auch einen gewissen Rausch, den *„Flow"*. Der entsteht, wenn wir gesetzte Ziele immer gut erreichen und diese dann sukzessive höher setzen. Das tun wir zum Beispiel beim Sport oder der Arbeit: Immer schneller, weiter, höher... Wenn Sie denken, dass Sie das auch so tun, aber keinen *Flow* verspüren, dann sind die Ziele vielleicht zu hoch oder zu tief angesetzt.

Bei stets zu hohen Zielen folgt eine Überforderung, die bei stetiger Wiederholung vereinfacht gesagt zum Burnout führen kann. Sind Ziele hingegen zu niedrig gesetzt und werden allzu leicht erreicht, kann schnell Langeweile entstehen, was mitunter *„Boreout"* genannt wird (aus dem Englischen: *to bore* – sich langweilen).

Während „Ausgebrannte" ja mal für etwas gebrannt haben müssen, sich also engagiert und eingesetzt haben, wird manchmal etwas gehässig gesagt, dass Boreoutler dagegen „*ausgebo(h)rt*" wären. Beide sitzen am Ende aber im gleichen Boot, denn Burnout und Boreout fühlen sich sehr ähnlich an. Die Gründe sind jedoch sehr unterschiedlich; Mal waren es zu viele Dinge oder die Ziele zu hoch, im anderen Fall waren sie zu wenig bzw. zu niedrig. Beide „*Outler*" sollten jedoch lernen, Ihre Ziele angemessen zu verfolgen. Bei den einen heißt der Leitsatz vielleicht: „Lass mal locker, mach weniger" und bei den anderen eher: „*Trau Dich, mach mal...*"

Aber wir haben so etwas ja nicht... Also, wie sollten wir dann die Dinge angehen? Lieber den *Flow* beim Multitasking suchen oder doch die pure Konzentration auf eine Sache? Meine Antwort: Das müssen wir immer wieder neu entscheiden. Der Fokus liegt hier auf *entscheiden* – sich demzufolge *bewusst* machen, was wir gerade wollen oder worum es uns geht. Die Unterschiede möchte ich Ihnen jetzt noch einmal aufzeigen.

Geht es zum Beispiel um sehr wichtige Dinge, sollten wir besser die volle Kraft und Aufmerksamkeit auf die eine Sache legen und uns keinesfalls ablenken lassen. Quasi den langsameren „Traktorgang" einlegen. In Kliniken konnte ich sehen, wie manche Doktoren und Schwestern schnell gehen, andere dagegen eher langsam. Die „*Langsamläufer*" waren mir immer lieber, da sie meist aufmerksamer waren. Sie wirkten auf mich auch zufriedener, mit sich und der Arbeit, und haben in meinen Augen auch mehr bei den Patienten bewirkt.

Zufrieden und erfolgreich durch Langsamkeit.

Wenn ich merke, dass meine Turbinen hochfahren, ich das aber im Grunde gar nicht möchte, dann stelle ich mir oft vor, dass ich die Dinge in Zeitlupe machen sollte. Das hilft mir, macht mich zufriedener und die Ergebnisse sind auch fast immer besser. Sie können das ja auch mal versuchen.

Muss es dagegen einmal schnell gehen, sind die Dinge nicht so wichtig oder geht's uns um den Rausch – dann können wir eben auch mal auf „Düsenjäger" schalten. Das brauche ich auch manchmal. Wichtig ist meines Erachtens, das sehr bewusst zu machen und zu erleben. Es kann auch helfen, die Umwelt noch schnell vor Schleppwirbeln zu warnen...

Multitasking oder Eile dürfen auch mal sein.

Es ist sicher Ihre Entscheidung, wie Sie mit Ihrer Aufmerksamkeit umgehen. Vergessen Sie allerdings zu oft Wichtiges, rauscht das Leben an Ihnen vorbei, können Sie nichts mehr richtig genießen oder bedauern Sie sehr häufig in Situationen nicht anders gehandelt zu haben? Dann waren Sie vermutlich mit Ihrer Aufmerksamkeit nicht immer so bei der Sache, wie Sie es gebraucht hätten. Das könnten Sie aber beim nächsten Mal besser angehen. Es ist und bleibt Ihre Entscheidung.

Übrigens, wenn wir immer bewusst eine Sache nach der anderen erledigt haben, können wir durchaus auch so etwas wie einen *Flow* erleben. Meist kommt es darauf an, dass wir die Dinge bewusst machen und dabei auch die kleinen Erfolge genießen.

Mein Tipp: Es gibt drei Dinge, die meiner Ansicht nach nicht im Nebenher, sondern nur mit größter Aufmerksamkeit getan werden sollten.
Da meine ich vor allem das Thema Sicherheit (Ich bin einer der den Sicherheitsgurt nicht nur anlegt, sondern auch stramm zieht). Meine Frau weiß sehr zu schätzen, dass ich ihr beim Autofahren in schwierigen Situationen nicht zuhöre, sondern mich voll der jeweiligen Situation widme. Sie macht es auch so, und so haben wir manche riskante Situation frühzeitig gebannt. Und Handy beim Fahren geht gar nicht. Das ist etwas ganz anderes als tele-

Glutstaufe

fonierend und fernsehend zu bügeln. Das ist kein Kavaliersdelikt, das ist gefährlich!
Als zweites meine ich Kontakte mit anderen <u>Menschen</u>. Es macht einen Unterschied, ob wir bei einem Gespräch voll dabei sind oder nebenbei das Telefon und den Computer bedienen. Sie kennen das sicher von sich oder anderen. Das ist eine unschöne Sitte, die leider sehr um sich greift.
Drittens meine ich jeglichen <u>Genuss</u> im Leben. Der Tee/Kaffee schmeckt zum Beispiel ganz anders, ob wir ihn hektisch im Laufschritt mit dem Handy am Ohr trinken, oder sitzend mit geschlossenen Augen genießen. Probieren Sie es doch einfach mal aus und beobachten Sie ruhig einmal wie Ihre Mitmenschen das tun. Es lohnt sich.

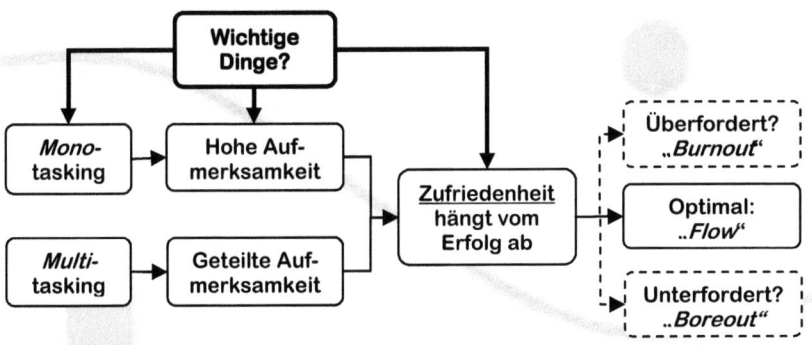

<u>Abbildung 2:</u> Auswirkungen von Mono- bzw. Multitasking auf Aufmerksamkeit und Zufriedenheit.

Platz für Ihre Achtsamkeit:_____
_____...

3. Umgang mit Schuld und Verantwortung

Niemand von uns ist ohne Fehl
– Menschen sind wir, keine Götter.

Petron, um 50 n. Chr., römischer Schriftsteller und Satiriker

Wie gehen wir als Individuum mit Schuld um? Wann und warum belastet dies unser Wohlbefinden? Darüber, und welche Alternativen wir bei der Klärung der Verantwortlichkeit von Schuld haben, möchte ich hier gerne reden.

Lassen Sie mich zu Beginn eine provokante Frage stellen: Neigen Sie dazu, sich eher schuldig zu fühlen oder schieben Sie öfter anderen die Schuld zu? Vielen Menschen geht es nur um das eine oder andere: *„Bin ich oder ein anderer „schuld" an einer verpatzen Situation?"* Selten fühlt sich eine Antwort darauf richtig gut an. Keiner will den „schwarzen Peter" haben, aber mit reinem Gewissen lässt sich dieser nur selten anderen aufbürden. Daher meine zweite Frage: Gibt es „Schuld" überhaupt?

Schuld ist besser anteilig zu begreifen.

Oft trägt doch jeder etwas zu einer Situation bei. Ich möchte Ihnen gerne aufzeigen, wie ich das meine. Ein Beispiel: Neulich habe ich beim Radfahren eine Radfahrerin überholt, die so unerwartet abbog, das wir mächtig zusammenkrachten. Wir beide waren sehr erschrocken und ich hörte mich sagen; *„Sorry, ich hätte ja klingeln können"*. Das meinte ich zunächst eher ironisch, aber sie lenkte daraufhin ein und meinte, sie hätte sich ja umsehen und Handzeichen geben müssen. Stimmt wohl beides und ich denke, wir hatten beide unseren „Aha-Effekt". Damit meine ich die Erkenntnis, dass wir beide den Unfall mit mehr Sorgfalt hätten verhindern können. Diese Situation war nachhaltig für mich und ich erinnere ich mich immer wieder daran.

Manchmal ist es auch schon sehr amüsant, wie Menschen versuchen, ihren Anteil von sich zu weisen. Da gibt es die Weisheit des Motorradtrainers Bernt Spiegel: *„Wenn der Bauer nicht schwimmen kann – ist die Badehose schuld".* Damit ist gemeint, dass viele Ursachen oft erst bei einem selbst zu finden sind, auch wenn viele beharrlich andere Dinge (hier die Badehose) dafür verantwortlich machen wollen. Die *„Badehose"* ist inzwischen bei vielen Motorradfahrern zu einem geflügelten Wort geworden, wenn jemand zum Beispiel über sein Material schimpft, statt sich einzugestehen, dass er es eben nicht besser konnte oder ein anderer „besser" war.

Machen Sie sich bitte klar: Sie können zwar andere versuchen zu belügen oder auch eine Schuld zuweisen, aber Sie selbst werden im Inneren wissen, wie die Dinge liegen oder was Sie hätten besser machen können. Sie können das bei sich und anderen oft daran erkennen, dass beharrlich nach Rechtfertigungen für ein Verhalten gesucht wird. Im Grunde kann sich deswegen niemand wirklich selbst belügen. Es kostet nur unnötige Energie. Dagegen kennen Sie vielleicht das

befreiende Gefühl, zu seinen Fehlern zu stehen.

Sie können das ja mal ausprobieren und bei sich oder anderen beobachten. Seinen Anteil an einer Situation zu begreifen, hat auch noch andere Vorteile. Wenn wir ehrlich mit uns und der Situation umgehen, wissen wir, was wir getan haben, aber folglich auch, was wir eben nicht getan und daher auch nicht zu verantworten haben. Das kann sehr entlastend sein und unangenehme Situationen gut entspannen. Sie werden dadurch auch Ihre

eigenen Baustellen besser kennenlernen,
und von denen anderer abgrenzen.

Glutstaufe

Dies ist meines Erachtens auch ein guter Startpunkt mehr Verantwortung für uns und unser Leben zu übernehmen – zu wissen, wofür wir verantwortlich sind und wofür eben nicht. Dann brauchen wir die Dinge auch nicht auf andere zu schieben und fühlen uns eindeutig für das verantwortlich, was wir machen. Ein türkischer Kollege nannte mir dazu einmal eine alte Lebensweisheit aus seiner Heimat: *„Glaube an Allah, aber binde Dein Kamel fest".* Also weder sich selbst noch von anderen betrügen lassen.

Mein Tipp: Wenn Sie diesen Weg ausprobieren möchten, seien Sie bitte großzügig bei der Einschätzung Ihres Anteils, sonst geht es doch wieder nur um Schuldzuweisungen. Und genießen Sie Ihren Vorteil bei der Einschätzung der Situation für sich, also leise – der andere hat dieses Buch vielleicht noch nicht gelesen...

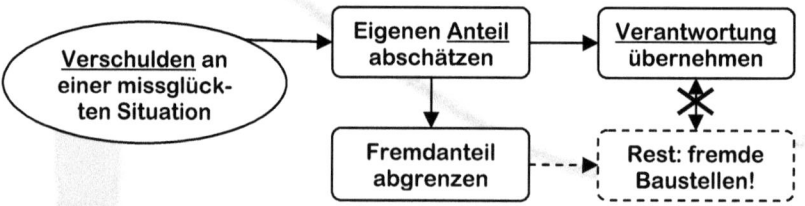

<u>Abbildung 3:</u> Abgrenzung von Schuld, Anteil und Verantwortung.

Platz für Ihren Anteil:_____
_____...

4. Vertrauen Sie sich eigentlich?

Wenn Du ihn für treu hältst, wirst Du ihn dazu machen.

Seneca, 4 v. Chr. – 65 n. Chr., einflussreicher römischer Philosoph

Selbstvertrauen ist oftmals ein guter Ansatzpunkt, um im Leben klare Entscheidungen zu treffen und Ziele nachhaltig zu verfolgen. Besonders in Krisenzeiten wäre uns diese Fähigkeit ungemein nützlich, wenn sie gerade dann nicht so spärlich verfügbar wäre. Was können wir dann machen, damit wir uns gerade dann wieder besser vertrauen können? Ich hätte da ein paar Anregungen für Sie. Wir werden hier wieder einmal etwas tiefer in uns gehen und dabei einige unserer inneren Organe und deren Funktion ganz neu betrachten.

Zunächst: Kennen Sie den Eindruck, dass irgendetwas nicht richtig läuft oder Ihnen jemand etwas erzählt, was irgendwie nicht stimmig klingt? Ich kriege dann immer ein ungutes Gefühl im Bauch. Deshalb habe ich meinen Bauch auch zum wichtigsten Organ in solchen Sachen auserkoren. Dieses *„Bauchgefühl"* kennen sicher viele und das hat gute Gründe. Es ist eines unserer ältesten Instinkte.

Und dieses Frühwarnsystem ist älter als die Menschheit. Es liegt aber eigentlich etwas höher als im Bauch, nämlich im Gehirn, und ist Fachleuten als *Limbisches System* bekannt. Es ist eines der ältesten Teile unseres Gehirns, steuert unsere Emotionen und läuft ständig unterbewusst mit. Es ist robust, unkompliziert und unglaublich schnell. Ich bezeichne es daher gern auch als *„Reptilienhirn"* oder *„Steinzeithirn"*. Wie auch immer, wir haben leider verlernt, richtig darauf zu hören, aber ich tue es inzwischen wieder öfter und bin damit fast immer gut beraten gewesen.

Nutzen Sie Ihr Bauchgefühl als Frühwarnsystem.

Glutstaufe

Mein Frühwarnsystem meldet sich meistens, wenn jemand oder etwas in meine Intimsphäre kommt, also mir zu dicht „auf den Pelz rückt" oder mir „etwas gegen den Strich geht". Ich denke, Sie kennen das Gefühl, auch wenn Sie vielleicht andere Bezeichnungen oder Symptome haben. Ich bekomme meist einen „Schauer" durch den Körper und eine große Abneigung gegen das, was gerade passiert. Das, was in meine Intimzone eindringt, kann körperlich sein, Worte oder Gesten, aber auch mal ein Brief oder Zeitnot etc.

Wenn wir diese Gefühle ernst nehmen, bleibt die Frage, was wir damit machen? Aus der Steinzeit kennen wir doch nur drei Programme: *Angriff, Flucht oder tot stellen*. Diese Programme machen heute eigentlich nur noch bei akuten Gefahren Sinn, z.B. bei bedrohlichen Situationen, bei realen Angriffen oder zur Vermeidung eines Unfalls im Straßenverkehr. Bei den modernen sozialen Problemen sind sie jedoch wenig hilfreich. Arbeit, Konflikte oder Rechnungen werden nicht weniger, wenn ich sie vernichte, davor weglaufe oder wieder meine nächste Depression bekomme...

Überlisten Sie manchmal auch Ihr Steinzeithirn.

Wir haben aber noch unseren „Großrechner", den wir doch nach unseren Wünschen programmieren könnten. Bleiben wir bei unseren Basisprogrammen Angriff, Flucht, Starre oder versuchen wir es öfter mal mit kapieren, lernen, bewältigen? Nur wie tricksen wir die nicht mehr aktuellen, aber dominanten, Basisprogramme aus?

Meine lapidare Antwort lautet: *Vertrauen Sie sich selbst!* Nehmen Sie bitte zunächst Ihre persönlichen Warnsignale ernst. Ihr „Reptilienhirn" funktioniert sicher richtig und Sie liegen auch richtig, wenn es irgendwie oder irgendwo in der Bauchgegend kribbelt. Lassen Sie sich nichts anderes erzählen. Keiner weiß, was Sie gerade erleben und darf sich daher auch kaum eine andere Meinung dazu erlauben. Aber: Bitte achten Sie dann darauf, dass Ihre Basisprogramme nicht gleich auf „Panik" schalten. Die sind nur dafür da, damit Sie sich aus einer wirklich gefährlichen Situation befreien können. Das ist im heutigen Leben äußerst selten der Fall. Ihre eigene Logikeinheit in Ihrem Kopf ist hier sicher ausreichend, um das zu erkennen.

Atmen Sie immer erst einmal tief durch

und versuchen Sie zu beobachten, was eigentlich gerade los ist. Versuchen Sie, stets ein wenig Abstand zu sich und der Situation zu bekommen. Sie wissen ja aus dem ersten Kapitel: *„Die Situation beobachten, ohne sie gleich zu bewerten".* Vielleicht sehen Sie die Situation jetzt auch mit anderen Augen und begreifen, was der Auslöser für ein unangenehmes Gefühl war. Ist Ihnen vielleicht ein Mensch zu nahe gekommen, oder hat Sie jemand mit Ihren persönlichen Reizworten verletzt? Dann können Sie nun Ihren Anteil verstehen, erkennen auch den Anteil fremder Menschen und können dann in Ruhe einen Weg da heraus finden. Wenn Sie nun handeln,

tun Sie alles in Ruhe und genau so, wie Sie denken.

Sie werden im Bauch wissen, was gerade richtig ist. Handeln Sie vielleicht so, als wären Sie auf einer einsamen Insel, wo Ihnen niemand dazwischenquatscht und Sie für alles voll verantwortlich wären – das sind Sie ja schließlich auch für Ihr Leben, oder?

Und wenn Sie später mit dem Ergebnis nicht ganz zufrieden sind, machen Sie sich klar: Besser ging es im Moment einfach nicht – vielleicht beim nächsten Mal, wenn Sie aus der Situation gelernt haben oder mehr Kraft besitzen. Uns stehen eben allen nur begrenzte Möglichkeiten zur Verfügung und hinterher sind viele schlauer. Jedoch handeln können wir nur so gut, wie wir es uns jeweils zutrauen. Also; trauen Sie sich selbst!

Selbstvertrauen kommt durch Selbstakzeptanz.

Sollten Sie Ihrem Gespür aber noch nicht so vertrauen, wenden Sie sich ruhig einmal an einen Vertrauten. Fragen Sie ihn, wie er die Dinge sieht oder wie er das machen würde. Oft werden Sie feststellen, dass auch selbstsicher wirkende Menschen gar nicht so sicher sind. Wenn Sie gerade keinen Vertrauten zur Seite haben: Stellen Sie sich doch einmal vor, Sie wären Ihr großer Bruder oder Ihre große Schwester – wie würden die Sie sehen und was würden die Ihnen raten? Das gibt einem manchmal den nötigen Abstand, um sich auch selbst immer einen guten Rat zu geben.

Mein Tipp: Machen Sie sich bitte klar, dass nur Sie erkennen können, wann Sie gut gehandelt haben oder wann Sie etwas verhauen haben. Andere können höchstens als Berater fungieren. Unsere Umwelt ist leider sehr großzügig im Verabreichen von Belehrungen – meist großzügiger als beim Loben unserer guten Eigenschaften oder Taten – doch begreifen Sie alles nur als Kritik*angebote*. Sie können diese annehmen – müssen es aber nicht.
<u>Fragen Sie sich nach verpatzten Situationen</u>: Hätten Sie wieder genau so reagiert? Ja? Prima! Seien Sie zufrieden und klopfen Sie sich ruhig mal stolz auf die Schulter. Denn dann haben Sie wohl doch alles für sich richtig gemacht – auch wenn das Ergebnis mal nicht so toll war. Hatten Sie aber eigentlich vorher schon gewusst, dass Sie es lieber anders getan hätten? Dann haben Sie wohl etwas falsch gemacht und können *jetzt* daraus lernen. Wenn Sie daraus lernen, haben Sie aber doch nicht alles falsch gemacht. Dann nützen Ihnen sogar Ihre Fehler.

Glutstaufe

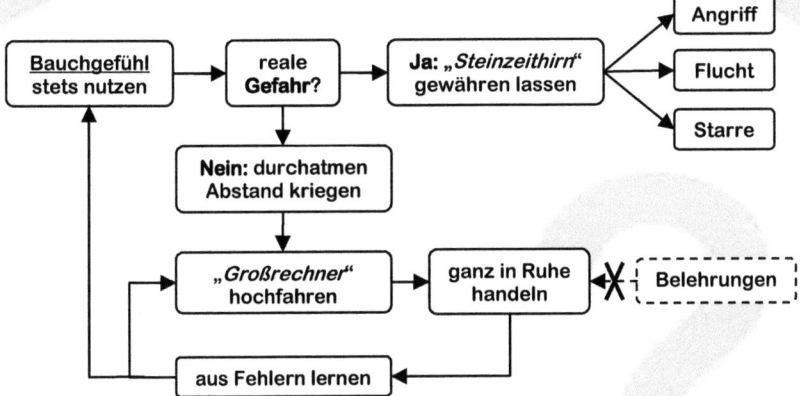

Abbildung 4: Selbstvertrauen: auf seinen „Bauch" hören, in Ruhe handeln und aus Fehlern lernen.

Platz für Ihr Vertrauen: _____
_____ ...

5. Alles eine Frage der Dosierung

Allen zu glauben ist zuviel, keinem zu glauben zuwenig.

Phädrus, um 40 n. Chr., Versdichter und Erfinder der Fabeln

Jeder von uns hat sich sicher schon einmal zuviel zugemutet oder aber ein Ziel nicht erreicht, weil er sich doch nicht genügend bemüht hat. Wie stark müssen wir uns im Leben anstrengen und wie viele Dinge brauchen wir für unser Wohlbefinden? Vielleicht weniger als wir glauben...

Ich sage es gleich: Ich plädiere dafür Maß zu halten. Also nicht zuviel und nicht zuwenig im Leben anzustreben. Für einige ist das der „buddhistische Mittelweg" und ich drücke das gerne so aus: *„Zwischen Null und Unendlich gibt es immer einen Wohlfühlbereich".* Aber der ist eben immer etwas sehr Subjektives. Warum ist das so, und

wie finden wir unseren Wohlfühlbereich?

Viele streben stets nach immer mehr, werden dadurch aber nicht immer mehr glücklich. Warum ist das so? Gehen wir das gleich mal mit einem praktischen Beispiel an. Im Wirtschaftsstudium konnten wir uns das sehr gut mit der Gesetzmäßigkeit des abnehmenden Grenznutzens erklären. Diese Theorie ist schon über 150 Jahre bekannt und wird auch als das *„1. Gossensche Gesetz"* bezeichnet. Ich möchte Ihnen das nun am Bananenkonsum verdeutlichen. Das geht auch, wenn Sie keine Bananen mögen – Sie verstehen vermutlich sogar das Ende besser. Nehmen wir einmal an, Sie wären sehr hungrig und erhalten eine Banane – beim Verzehr erfüllt diese eine große Befriedigung und Ihr Hunger nimmt folglich ab. Bei der zweiten Banane ist der Hunger nun geringer – der (Grenz-)Nutzen fällt demnach schon kleiner aus. Spielen Sie das gedanklich bis zur zehnten Banane durch – Sie werden sehen, die Befriedigung nimmt nicht nur ab, sie kann sogar in große Abneigung umschlagen. Paracelsus beschrieb dieses Phänomen mit den Worten: *"Kein Ding an sich ist Gift, allein die Dosis tut's".* Hier war es gerade die Überdosis an Bananen...

Ein immer mehr kann daher auch ein *zuviel* bedeuten und dies ist dem Glück nicht gerade zuträglich. Es ist also durchaus verständlich, dass sich mancher über eine Ferienreise gar nicht freut, weil er dauernd auf Dienstreisen war und lieber mal zu Haus bleiben würde...

Es kommt also auch auf die Dosis an, damit die Dinge Freude spenden können. Übersetzen Sie das ruhig auch auf Essen, Trinken, Sport, Schlafen, Arbeit, Kuscheleinheiten oder alle Arten von Konsumgütern. Und noch etwas konkreter: Das erste Fahrrad hat uns sicher mehr bedeutet als der dritte Mercedes. Und, wer ständig vor der Glotze hängt, sollte sich auch ruhig mal bewegen – während jemand, der täglich Sport treibt, auch mal Pause machen sollte. Warum? Weil sie das nächste Mal Glotze bzw. Sport wieder intensiver erleben können. Probieren Sie es...

**Wer Maß hält und Abwechslung sucht,
lebt glücklicher.**

Schauen Sie aber nicht nur wie viel Sie von etwas brauchen, sondern auch, ob Sie das Richtige gewählt haben. Hierzu ein schöner Spruch von Henry David Thoreau: *"Die größte Tragödie ist, am Ende des Lebens festzustellen, dass wir die ganze Zeit geangelt haben, obwohl wir gar nicht auf Fisch aus waren."* Muss es also jedes Jahr ein neues Auto sein? Macht's nicht besser ein Carbonrenner plus Elektrobike für die Gattin – oder umgekehrt? Denken Sie nach und seien Sie kreativ!

Wir müssen vielleicht auch begreifen, dass wir uns nicht unendlich bedienen können. Nicht nur die Weltressourcen, sondern auch unsere persönlichen Budgets sind begrenzt. Wir sollten also bewusst entscheiden, was wir im Leben brauchen und was nicht. Das kann auch sehr entlastend und befriedigend sein.

Auf die richtigen Dinge im Leben zu setzen ist auch wichtig.

Die Ökonomen verstehen die Gesetzmäßigkeit eines begrenzten Budgets und dessen Optimierung auch als Grenznutzenausgleich, dem *„2. Gossenschen Gesetz"*. Dieses beschreibt, dass unterschiedliche Möglichkeiten ausreichend abgestimmt sind, sobald eine Veränderung nicht mehr zu einem besseren Ergebnis führt. Für uns bedeutet das, wenn wir nicht mehr zu entscheiden vermögen, was wir hergeben wollen, um etwas anderes zu erhalten, dann sind wir bereits optimiert. „Optimiert" zu sein sollte demnach auch bedeuten, dass wir uns auch einmal zufrieden geben sollten. Klingt zwar sehr theoretisch, macht aber Sinn. Überlegen Sie sich das einmal für Ihre Ressourcen im Leben – was würden Sie aufgeben, um etwas anderes zu bekommen...

Mein Tipp: Angemessen Maß zu halten und lieber mit den eingesparten Ressourcen weitere Wünsche zu befriedigen, macht deutlich glücklicher im Leben. Das beinhaltet nicht nur Geld, sondern vor allem unsere Zeit – besonders die, die wir mit anderen Menschen verbringen. Wir sollten vielleicht lieber Beziehungs- statt Bankkonten führen und versuchen, stets ein kleines Guthabenpolster aufzubauen. Unsere Zeit ist für alle gerecht verteilt. Jeder von uns hat 24 Stunden am Tag und 365 Tage im Jahr zur Verfügung. Wie viele Jahre insgesamt? Das weiß keiner. Lassen Sie uns deshalb unsere Zeit sinnvoll nutzen!

Glutstaufe

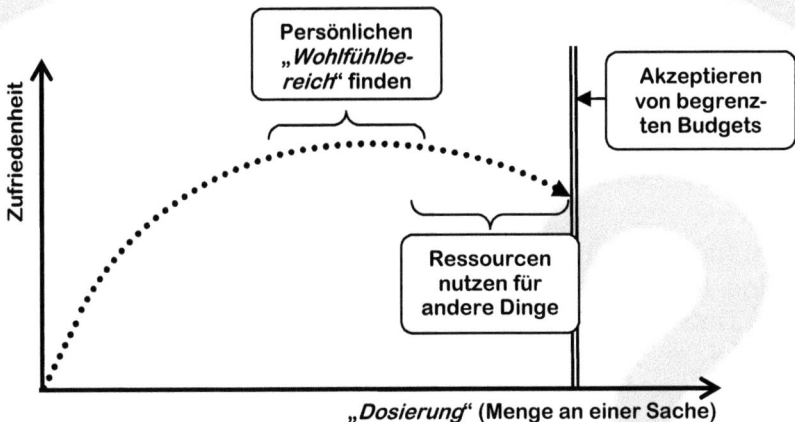

Abbildung 5: Richtige Dosierung und Abwechslung kann viel zum Wohlbefinden beitragen.

Platz für Ihr richtiges Maß:_____
_____ ...

6. Unterschied: Denken und Handeln

Ewiges Zögern lässt nie etwas zustande kommen.

Demokrit, um 450-360 v. Chr., Allroundgenie und Forscher

Manchmal werden uns die Gedanken im Kopf zu viel und einige Menschen können sogar richtig krank davon werden. Dabei sind es weniger die Gedanken, die das verursachen, als unser Umgang damit. Ich hab mir da so meine Gedanken dazu gemacht...

Zunächst: Wir verarbeiten jeder ca. 50.000 Gedanken pro Tag – das entspricht ungefähr einem Gedanken pro Sekunde. Ich hoffe, jetzt ist Ihnen klar, warum es manchmal so durcheinander in unseren Köpfen zugeht. Das geht jedem so – kaum einer spricht (oder schreibt) aber darüber.

Jeder kennt auch Phasen des Träumens, des längeren Nachdenkens oder auch des Grübelns. Das kann vorübergehend gut tun – wieder alles eine Frage der Dosierung. Machen wir das aber länger, geht's uns interessanterweise sukzessive schlechter. Wir *„sumpfen"* irgendwie herum. Uns fehlt was, dem Gehirn fehlt was – obwohl wir es doch so ausgiebig beschäftigen. Was kann das sein? Auch darüber könnten wir mal ausgiebig nachdenken...

Aus dem letzten Kapitel wissen wir, dass eine Alternative sinnvoll wäre und aus der Kapitelüberschrift ahnen wir, dass es Zeit wird zum *„Handeln"*. An dieser Stelle möchte ich daher kurz Goethe zitieren:

„Drei Buchstaben zum Erfolg: T U N!"

Machen, Tun, Handeln etc. sind vermutlich die besten Mittel, um aus der Umklammerung von Ohnmacht und Handlungsunfähigkeit zu kommen. Diese machen viele Menschen nachhaltig krank, führen zum Beispiel zu weiterer

Passivität oder zu tiefen Depressionen. *„Herumsumpfen"* kann also auch fatale Folgen haben. Leider ist das Handeln dann oft gar nicht so einfach.

Mir war es immer wichtig meine Handlungsfähigkeit zu behalten, und am schlimmsten waren für mich Momente der Fremdbestimmung, wenn ich mich Dingen unterordnen musste, die mir gänzlich gegen den Strich gingen. Das war auf meiner Arbeit nicht anders, als später in der Reha. Dort hatte ich aber auch Gelegenheit mit anderen Betroffenen zu sprechen, die das oft ähnlich empfanden. Es wäre schön, wenn sich hierzu Ärzte und Therapeuten, Vorgesetzte und Direktoren Gedanken machen würden.

Aber wir sollten auch so stets versuchen etwas zu tun: Lassen Sie uns also nach Kräften wieder aktiv werden, um so unsere

Handlungsfähigkeit & Selbstbestimmung zu stärken.

Das kann dauern, ist aber meines Erachtens enorm wichtig für unsere Gesundheit und unser Wohlbefinden. Aktiv zu handeln kann durchaus glücklich machen, wir müssen das jedoch auch richtig anpacken. Erfahrungsgemäß gibt uns nicht jede Tat ein gutes Gefühl. Manchmal geht es uns danach auch schlecht, besonders wenn wir mit dem Resultat nicht zufrieden sind. Warum geht's uns mal gut und mal schlecht beim Handeln?

Aus der buddhistischen Lehre geht der schöne Ansatz hervor: *„Tun Sie Gutes und Sie bekommen ein gutes Karma. Tun Sie Schlechtes, bekommen Sie ein schlechtes Karma".* Aber jetzt kommt's: *„Karma ist das Handeln, das die Seele beeinflusst".* Kapiert? Ihr „Bauch" wird Ihnen schon sagen, wann Sie im Guten oder Schlechten handeln. Vertrauen Sie darauf.

Wir sollten stets im Guten handeln!

Durchs Handeln können wir glücklicher werden als durch das bloße Denken. Da werden viel mehr der glücklich machenden Hormone, wie zum Beispiel Serotonin und Dopamin, freigesetzt – Ihr Arzt kann Ihnen das gewiss besser erklären. Es kommt aber auch ein wenig darauf an, wie wir handeln. Es tut uns gut, wenn wir *glauben* gut zu handeln. Und wann etwas gut ist, wissen wir doch intuitiv: Wir müssen nur unserem Bauchgefühl folgen. Darauf kommen wir also immer wieder zurück.

Beobachten Sie auch einmal alte Ehepaare: Die einen gehen gut miteinander um und wirken meist glücklich. Andere machen sich ständig die Hölle heiß und leiden. Welchen Weg wir gehen, müssen wir täglich aufs Neue entscheiden. Gut zu handeln macht uns aber meist glücklicher.

Noch eine gute Nachricht in diesem Zusammenhang: Wenn wir doch einmal was Schlimmes oder Böses denken, passiert ja noch gar nichts. Das können wir ruhig einmal tun und das tut schließlich jeder einmal. Nur auf unser *Handeln* sollten wir sehr achten – das ist wichtig!

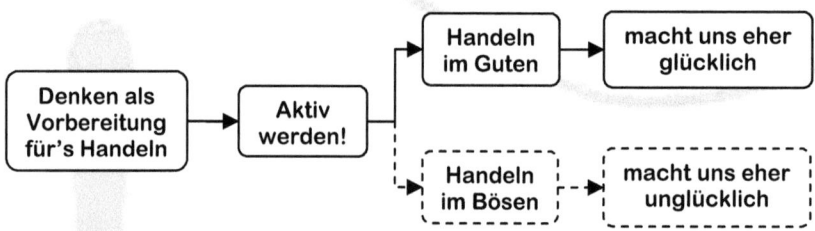

Abbildung 6: Vom Denken übers Handeln zum Glück.

Mein Tipp: Wenn Sie vorhaben, Ihr Handeln anders auszurichten, werden Sie neben Tatkraft und Vorsätzen meist auch eine gute Portion Geduld brauchen. Diese Weisheit ist zwar alt, aber machen Sie sich trotzdem klar:

Änderungen brauchen Zeit.

Glutstaufe

Wollen Sie erfolgreich etwas an Ihrem bisherigen Handeln ändern, müssen Sie das manchmal über einen längeren Zeitraum angehen und auch mal Rückschläge hinnehmen. Das läuft dann meist nach dem folgenden Schema ab (siehe Abbildung 7). Haben Sie Geduld, bleiben Sie dran und wenn es mal nicht klappt – lächeln Sie.

Wenn Sie Ihre <u>Vorsätze</u> noch bekräftigen wollen, können Sie sich noch eine mentale Stütze bauen. Dazu brauchen Sie nicht viel. Notieren Sie sich Ihren Vorsatz mit einem Wort oder kurzen, freundlichen Satz auf einen Zettel. Packen Sie den Zettel dort hin, wo Sie immer mal wieder darauf stoßen. Dann fällt die Erinnerung an Ihre Absichten und das Üben leichter, denn das alles geht ganz entspannt ins Unterbewusstsein über.

Ein Zettel im Portemonnaie mit dem kurzen Satz *„in Zeitlupe gehen"* lässt Sie entspannter durchs Leben gehen. Solch einen Zettel hatte ich auch einmal. Er war nach ein paar Monaten ganz schön lädiert, aber da brauchte ich ihn nicht mehr...

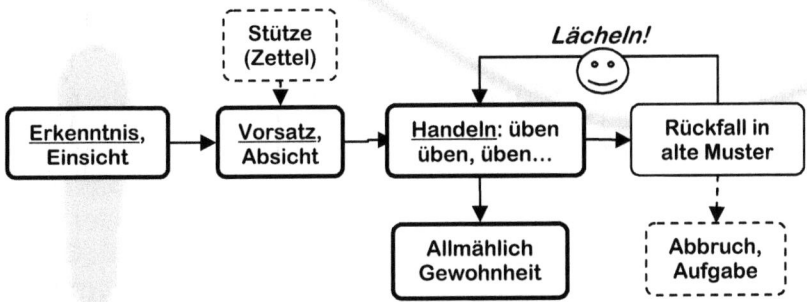

<u>Abbildung 7:</u> Ablauf von Verhaltensänderung durch beständiges Handeln.

Platz für Ihr zukünftiges Handeln:_____
_____...

7. Haben Sie Humor?!

Warum die Wahrheit nicht auch scherzend vortragen?

Horaz, 65-8 v. Chr., scharfsinniger Satiriker und Odendichter

Als ich meinem Therapeuten einmal von einem Traum berichten wollte, meinte der doch: *„Erzählen Sie mir lieber einen Witz. Worüber Sie lachen, sagt viel mehr über Sie aus."* Ich denke, er hat recht und sonst hat er ja in seinem Job auch nicht viel zu lachen...

Mit etwas Witz und Humor kann man auch schlechte Zeiten gut überstehen. Deshalb finde ich Humor sehr wichtig für unsere psychische Gesundheit. Ob es mir gut geht, merkt man meist daran, ob ich noch lachen kann. Aber es gibt diverse Unterschiede, worüber ich mich im Gegensatz zu anderen Leuten amüsiere. Die Art und Weise, wie Witze gemacht werden, ist oft sehr unterschiedlich. Nicht jeder kann über alle Witze lachen, aber vielen Menschen ist es wichtig;

lieber miteinander als übereinander zu lachen.

Es ist eben anständiger, die Leute nicht auszugrenzen, sondern gewissermaßen *„im Boot"* zu wissen. Das passiert, wenn wir miteinander lachen können. Unter der Gürtellinie ist es den meisten Menschen eh´ nicht recht. Damit macht sich auch keiner Freunde – fragen Sie mal jemanden, über den gelacht wird, wie er sich dabei fühlt und was er über den Witzemacher denkt. Dagegen kann jeder schnell Kontakt erhalten, der es versteht, freundlich zu scherzen. Schließlich sind

Lachen, Lächeln und Gelächter älter
als jede menschliche Sprache.

Daher beinhaltet Humor auch viele unserer ureigensten Empfindungen, unterbewusste Gefühle und Bedürfnisse. Oder wie Hape Kerkeling das einmal beschrieb: *„In einem guten Witz stecken unsere Ängste, unsere Liebe und stets ein wenig Weisheit".* Das können Sie sich mal auf der Zunge zergehen lassen.

Humor kann auch sehr entkrampfend sein.

Besonders dann, wenn es anders nicht mehr weitergeht. Beweisen Sie, dass Sie über sich selber lachen können und Sie kriegen hier und da noch eine Wendung hin, wo sonst nur noch der Dritte Weltkrieg lauert. Ich bin viele Jahre verheiratet – ich weiß wovon ich rede. Da wir gerade bei Partnerschaften sind, möchte ich noch bemerken, dass sowohl Männer als auch Frauen humorvolle Menschen den rein Gutaussehenden vorziehen. Mit Witz und Heiterkeit kriegt jeder seine Chance – im Leben und auch bei der Partnerwahl.

Ach ja, noch ein lebenswichtiger Tipp aus meiner langjährigen Eheerfahrung: Kein Spaß oder Witz zum Partner vor dem ersten Kaffee! Ähnliches gilt sicher auch für andere Situationen oder Zeitpunkte. Nicht jeder Mensch ist immer gleich gut aufgelegt und manchmal kommt es eben auch auf den richtigen Zeitpunkt für einen Scherz an. Auch darauf sollten wir achten.

Humor ist Frohsinn, Heiterkeit und Lebenslust zugleich. Er kann entspannend, verbindend, charmant und auch intelligent sein. Ein Allgemeinrezept habe ich nicht, aber grundlegend ist Humor für mich die Begabung ein Lachen oder Lächeln zu bewirken, indem mit Worten oder Taten etwas Erwartetes plötzlich durchbrochen wird. Hier geht es also um Erwartungen, Regeln oder Annahmen und unsere Phantasie diese auch mit anderen Augen zu betrachten. Eine gute Beobachtungsgabe und auch wieder viel lächeln gehört dazu. Dann ergibt sich vieles von allein.

Glutstaufe

Falls ein Spaß mal etwas daneben geht, können wir uns ja notfalls gebührend entschuldigen. Wenn nicht gerade eine ernsthafte Entschuldigung notwendig geworden ist, dann tue ich das auch schon mal mit den heiteren Worten: *„Sorry, aber ich habe wohl einen Clown zuviel gefrühstückt."*

Mein Tipp: Lächeln und lachen Sie mehr! Das ist eine prima Grundhaltung für Humor und fürs Leben sowieso. Meine Oma sagte mal: *„Mit 40 hat jeder das Gesicht, das er verdient."* Sind Sie mit Ihrem Ausdruck zufrieden oder wollen Sie da noch etwas ändern? Mit jedem einzelnen Lächeln fällt einem dasselbe übrigens leichter und Ihr Gesicht entspannt sich zunehmend.
Übrigens: Sie sehen Ihr eigenes Gesicht seltener im Spiegel als Ihre Mitmenschen es tun. Auch wenn Sie noch so viel in den Spiegel schauen – der beste Spiegel ist immer noch der Mensch, der Ihnen gegenüber ist. Sehen Sie mal, wie sich Gesichter verändern, sobald Sie lächeln oder lachen. Und falls sich da nichts rührt – dann gehen Sie vom Schaufenster weg...

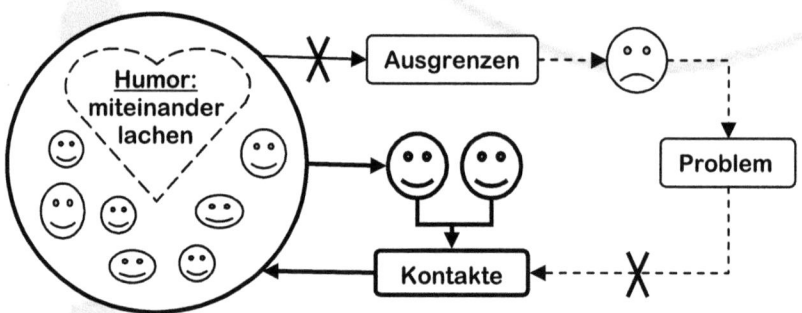

Abbildung 8: Mit Humor neue Freunde gewinnen.

Platz für Ihren Frohsinn:_____
_____ ...

8. Vorausschau und Mut zur Lücke

Eine schlechte Maus, die nur ein Loch kennt.

Plautus, 254-184 v. Chr., römischer Komödienschreiber

Manche Menschen scheinen mit Scheuklappen durchs Leben zu gehen und ständig mit dem **Kopf durch die Wand** zu wollen. Wir sehen das oft bei anderen – uns passiert das ja nicht. Diese Menschen ziehen jeden Ärger an, alles läuft schief und nie sind sie glücklich. Das kann richtig krank machen. Aus dem Altgriechischen und Hebräischen gibt es einen eindrucksvollen Begriff dafür, wenn ein Mensch am Ziel vorbei lebt: Es ist die Sünde.

Wo aber liegt das Problem? Wir können uns das so vorstellen: Manche gucken nur auf die Gefahrenquellen oder Fettnäpfchen und steuern unbewusst, aber zielstrebig genau dorthin. Dieser Ablauf wird manchmal auch *„die sich selbsterfüllende Prophezeiung"* genannt und läuft meist ganz automatisch ab. Das kann zu einem verflixten Teufelskreis werden: Von einem Ärger oder Problem zum nächsten...

Wie können wir solche Automatismen durchbrechen? Ich habe da etwas Interessantes entdeckt: Bei Tinnitus-Patienten wird häufig ein so genanntes „Re-Training" recht erfolgreich angewendet. Das ist ein aktives *„Weghören"* von störenden Ohrgeräuschen. Zunächst wird den Patienten bewusst gemacht, dass sie sich mit der Zeit an ein Geräusch im Ohr gewöhnt haben, auf das sie ihre Aufmerksamkeit unbewusst richten. Nun wird versucht, das Gehör nicht mehr auf die Wahrnehmung dieses Tones zu konzentrieren, sondern wieder auf das, was es sonst noch in der Umgebung wahrzunehmen gibt. Nicht nur andere Geräusche, sondern auch Bilder, Gedanken, Gefühle, Eindrücke etc. werden dadurch bewusster erfasst. Irgendwann werden die eigenen Ohrgeräusche in den Hintergrund verdrängt. Nicht immer sind sie ganz weg, aber zumindest stören sie weniger. Das scheint derzeit eine der erfolgreichsten Tinnitus-Behandlungen zu sein und davon können wir uns etwas abgucken.

> Statt der Probleme und Hindernisse im Leben könnten wir ja auch die „*Lücken*" suchen.

Damit meine ich unsere Ziele, Träume oder Bedürfnisse. Indem wir hinschauen wo wir hinwollen (Ziele, Träume, Bedürfnisse), werden wir auch zielsicherer dahin steuern. Wir polen unsere Wahrnehmung gewissermaßen bewusst in die richtige Richtung um.

Was haben wir von dem Fokus auf unsere Bedürfnisse und was machen wir mit den Problemen und Hindernissen? Die sind doch immer noch da!? Es genügt meiner Ansicht nach, wenn wir uns ganz bewusst auf die „*Lücken*" im Leben konzentrieren, also unsere Wünsche, Träume und Ziele. Wir werden dadurch noch lange nicht zu Traumtänzern, denn wir sehen immer noch unsere Probleme. Sie bekommen aber weniger Gewicht in unserem Leben und lassen sich dadurch oft mit mehr Gelassenheit lösen.

> Wir können den Hindernissen im Leben frühzeitig und geschickt ausweichen.

Das erspart uns oft viel Ärger und schont unsere Kraftreserven. Wir sind vorausschauender und nehmen ganzheitlicher wahr. Dadurch sehen wir mehr Auswege und, was äußerst wichtig ist, erspähen diese auch viel früher. Mehr Optionen zu haben ist doch immer gut!

Das ist Ihnen zu theoretisch? „*Vorausschauen*" dürfen Sie hier ruhig wörtlich nehmen und Sie können das gleich einmal ausprobieren: Strecken Sie mal Ihren Arm aus und schauen Sie auf Ihre Hand. Sie werden viele Details an ihr erkennen und in der Regel wenig von Ihrer Umwelt wahrnehmen. Die Hand bleibt weiterhin wo sie ist und jetzt sehen Sie mal ganz weit voraus. Sie werden trotzdem noch Ihre Hand, aber auch noch viele andere Dinge im Umkreis wahrnehmen.

Im Leben ist es kaum anders. Nehmen wir zunächst ein einfaches Beispiel: Unser Kühlschrank ist vielleicht wieder leer und ich sage mal, wir hätten keine Lust einkaufen zu gehen. Also nicht auf das Problem sehen, sondern dran vorbei – auf unsere Wünsche. Hatten wir einen stressigen Tag und wollen einfach nur was leckeres Essen? Pizzaservice+Co könnten da sicher helfen. Haben wir indessen Lust, kreativ zu sein? Dann mal sehen, was noch so an Resten und im Tiefkühlfach ist. Daraus lässt sich sicher noch etwas Feines zaubern. Viele Köche bringen so die kreativsten Ideen zustande. Fühlen wir uns dagegen einsam? Dann vielleicht ein paar Freunde anrufen und Essen gehen... Schauen Sie in sich rein und Sie werden immer ein paar Anhaltspunkte erhalten, wohin es Sie treibt.

Sie merken hoffentlich auch hier, warum unsere Wahrnehmung dabei eine so große Rolle spielt: Nach innen nehmen wir unsere Bedürfnisse wahr und nach außen unsere Umwelt. Das zeigt uns wo wir hinwollen und wo wir hin können – also unsere „Lücken".

Wenn wir unsere Ziele im Auge behalten, laufen wir automatisch darauf zu

und nehmen immer noch genug von unserer Umwelt und damit eventuellen Gefahren wahr.

Da hätte ich noch ein persönliches Anliegen: Mir ist das Thema Sicherheit immer sehr wichtig und wir können das zuvor Erlernte auch ausgezeichnet im Straßenverkehr verwenden. Je weiter wir zum Beispiel beim Auto- oder Zweiradfahren in Fahrtrichtung vorausschauen, desto mehr nehmen wir vom Verkehr und unserer Umgebung wahr. Probieren Sie es doch bei nächster Gelegenheit mit wenig Verkehr aus. Es ist wie beim Beispiel mit dem ausgestreckten Arm – immer schön weit vorausschauen, vielleicht auch noch an den nächsten Autos und Ampeln vorbei. Sie werden die Fahrzeuge und Fußgänger vor Ihnen weiterhin gut wahrnehmen. Mit etwas Übung sogar besser und frühzeitiger. Die Ampeln schalten dann gar nicht mehr plötzlich um, Autos bremsen nicht mehr so ruckartig und Fußgänger springen nicht unerwartet vor Autos hervor. Ein schöner Nebeneffekt: Unser Spritverbrauch geht meist runter und unser Fahrstil wird angenehm und flüssiger. Ihr Beifahrer wird es Ihnen bestätigen können.

Und noch etwas sehr interessantes, auf das ich hier noch näher eingehen möchte: Mit etwas mehr Vorausschau bekommen wir auch so etwas wie Vorahnungen im Leben.

Wir werden besser wissen, was passieren könnte.

Ein kurzer Blick in die nahe Zukunft sozusagen. Diese Fähigkeit sitzt in uns allen und lässt sich einfach begründen. Unser Nervensystem und Gehirn sind zwar äußerst schnell, haben aber eine Verzögerungszeit von circa 0,3 Sekunden, bevor Nervenreize von den Augen im Gehirn verarbeitet werden. Der Ball, den wir gerade auf die Strasse rollen sehen, ist also eigentlich schon weg. Unser Gehirn ist aber in der tollen Lage, alles Gesehene zu extrapolieren und uns so zu ermöglichen, Bewegungsentwürfe zu erkennen und vorauszuplanen. Sonst stellen Sie sich doch einmal Tennis, Boxen oder Formel 1 ohne diese Fähigkeit vor...

Wir müssen aber schon mit offenen Augen durch die Welt gehen, um unserem Gehirn die Möglichkeit zu geben, Bewegungsabläufe wahrzunehmen und für uns zu verarbeiten. Ansonsten kommen uns Dinge nur deshalb so schnell vor, weil wir nicht rechtzeitig darauf gesehen haben und unser Gehirn nun diese 0,3 Sekunden im Eiltempo für uns

Glutstaufe

aufholt. Die 0,3 Sekunden laufen dann wie im Zeitraffer ab. *„Plötzlich flog der Ball auf mich zu..."* oder *„...schoss der Fußgänger vor dem Auto vor"* sind typische Sätze, die andere dann wählen. Uns passiert so etwas ja nicht mehr...

Noch mal zur Unterscheidung: je weiter wir voraussehen, desto mehr kommen uns die Dinge wie in Zeitlupe vor, statt im Zeitraffer zu rasen. Da bleibt dann auch mehr Zeit für das *„Lücken suchen"* und daher plädiere ich so deutlich für ein *Augen aufmachen im Leben*. Wir nehmen Gefahren und Hindernisse, aber auch Alternativen früher wahr und haben dadurch noch genügend Zeit zum Handeln. Gerade geschickte Rad- oder Motorradfahrer machen das so, suchen sich dadurch ganz automatisch ihre Lücke und kommen mit entsprechender Vorausschau entspannt ans Ziel – beim Fahren und oft auch im Leben.

Mein Tipp: Gerade in Beziehungen neigen wir dazu, unsere ganzheitliche Wahrnehmung zu verlieren, da wir oft emotional befangen sind. Aber auch hier können wir den Trick mit der Lücke gut nutzen. Statt zu sagen, was wir alles nicht wollen, können wir uns ja ruhig die Mühe machen zu überlegen, was wir uns *stattdessen wünschen*.
Das kostet wieder ein wenig Mühe, da wir diesen Fokus oft nicht sofort haben, lohnt sich aber ungemein. Sicher braucht es etwas Übung, Mut oder auch Überwindung zu sagen: *„Nimm mich mal in den Arm"*, aber es tut beiden Seiten besser als *„ständig bist Du unordentlich, sitzt nur vor dem PC, nie hörst Du zu..."* Streitigkeiten werden so oft schon im Keim erstickt und Ihr Partner weiß dann auch, was Sie gerade möchten. Machen Sie es Ihrem Partner vor und haben sie auch den Mut, ihn zu bitten, es ebenso zu tun. Einfach sagen, *was Sie wollen – und nicht, was Sie nicht wollen!*
Und falls Sie gerade keinen Partner vor sich haben – das klappt auch bei Kollegen, Verkäufern, Eltern, Kindern...

Glutstaufe

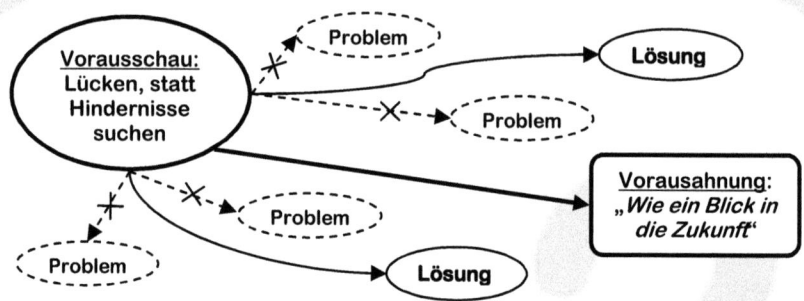

Abbildung 9: Mit Vorausschau und „Lücken suchen" den Problemen im Leben aus dem Weg gehen.

Platz für Ihre neuen Wege:_____
_____...

9. Nutzen Sie Ihre Kraftquellen!?

Die Natur hat uns zur Gemeinschaft erschaffen.

Epikur, 341-270 v. Chr., Griechischer Philosoph und Lehrer

Das Achten auf unsere eigenen Kraftquellen ist meiner Ansicht nach sehr wichtig, um ein ausgewogenes Leben zu führen und damit vor allem der Überforderung aus dem Weg zu gehen. Vielleicht ist das sogar der wichtigste Schlüssel, um Burnout, Boreout, Depressionen oder Krisen zu vermeiden bzw. zu überwinden.

Wer sich auf zu wenige Dinge im Leben konzentriert, kann schneller in die Bredouille kommen.

Besonders, wenn das Wenige wegbricht, kann es zu Problemen im Leben eines jeden kommen. Wer beispielsweise nur die Ehe und die Arbeit kennt, kann schnell in eine Krise kommen, wenn eines davon wegfällt. Das letzte Glied kann dann häufig die Last kaum noch tragen. Ich weiß, wovon ich rede – meine Frau und ich haben es durchgemacht. Vielleicht erkennen Sie sich bereits oder merken, dass Sie hierauf mehr acht geben könnten. Es tut übrigens auch den verbleibenden Elementen gut, sobald dort eine Entlastung durch einen gewissen Fokus auf andere Dinge im Leben eintritt.

Was sind nun aber Kraftquellen und wie halten Sie diese in einer guten Balance? Alle Dinge, die keine Kraft kosten, sondern Ihnen gut tun oder Sie glücklich machen, würde ich zunächst so bezeichnen.

Kraftquellen sind sehr individuell und jeder braucht auch eine andere Dosierung.

Glutstaufe

Auch die Dosierung finde ich hier wieder einmal sehr wichtig, da ein Übermaß schnell zu einer Überforderung und Last werden kann. So kann Arbeit durchaus wohltuend sein, da sie sinnstiftend, ablenkend, Kontakt fördernd, Anerkennung gebend etc. ist. Zuviel des Guten kann jedoch langfristig ins Gegenteil umschlagen.

In einer Selbsthilfegruppe haben wir mehrmals über das Thema Kraftquellen gesprochen und sind zu einer eher endlichen Zahl an Elementen gekommen. Ich habe das nachfolgend etwas zusammengefasst und mit einigen Stichworten versehen.

Vorschläge für Kraftquellen in unserem Leben:

<u>Natur:</u>
ab ins Freie, Wetter, Jahreszeiten, Landschaften, Tiere erleben

<u>Licht:</u>
Sonne, blauer Himmel, Helligkeit, notfalls Solarium

<u>Bewegung:</u>
Freiheit, Unabhängigkeit, Körper spüren, Spannung abbauen

<u>Arbeit:</u>
Aufgaben, Erfolge, Struktur, über sich wachsen, Erkenntnisse

<u>Menschen:</u>
Kontakte, Gespräche, Neuigkeiten, Bestätigung, Zugehörigkeit

<u>Freunde:</u>
enge Kontakte, beste Freunde, Kumpel, die Gruppe

<u>Partner:</u>
Liebe, Zuwendung, Intimität, Erotik, Vertrautheit, Sicherheit

<u>Familie:</u>
Kinder, Eltern, Herkunft und Zukunft, Prägung, Erziehung

<u>Glaube:</u>
Religion, Universum, Hoffnung, Halt, Vertrauen, Gemeinschaft

<u>Erlebnisse:</u>
Hobbies, Urlaub, Bildung, Kultur, Essen, Zufall, Erinnerungen

<u>Bewusstsein:</u>
der Moment, hier und jetzt, Besinnung, Meditation

<u>Selbstbestimmung:</u>
Autonomie, Selbstliebe, sich hören, Egoismus, Verweigerung

<u>Ruhe:</u>
Schlaf, Abstand, Verarbeitung, Ausruhen, Pausen, Erholung

Die Reihenfolge dieser Kraftquellen ist willkürlich gewählt, folgt also nicht irgendwelchen Präferenzen oder Prioritäten. Derartiges würde auch bei jedem von uns sehr individuell ausfallen, je nach Wünschen oder Neigungen etc. In Abbildung 9, und etwas ausführlicher im Anhang, finden Sie auch noch eine Übersicht zu den einzelnen Kraftquellen und da habe ich mir etwas für Sie ausgedacht, das ich *„Kraftspinne"* nenne. Diese eignet sich gut dafür, Ihre Präferenzen einfach und visuell zu veranschaulichen.

Sicherlich könnte das alles auch noch anders bezeichnet, zusammengefasst oder beschrieben werden, aber ich glaube Sie verstehen, worum es hier geht. Ich hoffe, Sie haben auch möglichst viele Kraftquellen für sich erkannt und auch einmal über Ihre „Dosierung" nachgedacht. Haben Sie einige davon bereits vernachlässigt oder sind unterdosiert? Dann zögern Sie nicht, dieses Buch aus der Hand zu legen, den Hörer in die Hand zu nehmen oder die Joggingsachen anzuziehen... Sie wissen ja: *„Es gibt nichts Gutes, außer man tut es!"*

Verschaffen Sie sich Ihren Ausgleich,
wann immer Sie möchten.

Glutstaufe

Mein Tipp: Fragen Sie andere Menschen nach ihren Kraftquellen. Ich hatte „meine Gruppe" für diesen Austausch und bin ihr sehr dankbar für die folgenden Erkenntnisse. Vielleicht reden Sie aber auch mit Ihren Freunden oder Ihrer Familie über deren Vorstellung von Kraftquellen. Das kann sehr erkenntnisreich sein. Jeder sieht es anders und durch jedes Gespräch werden wir klüger.

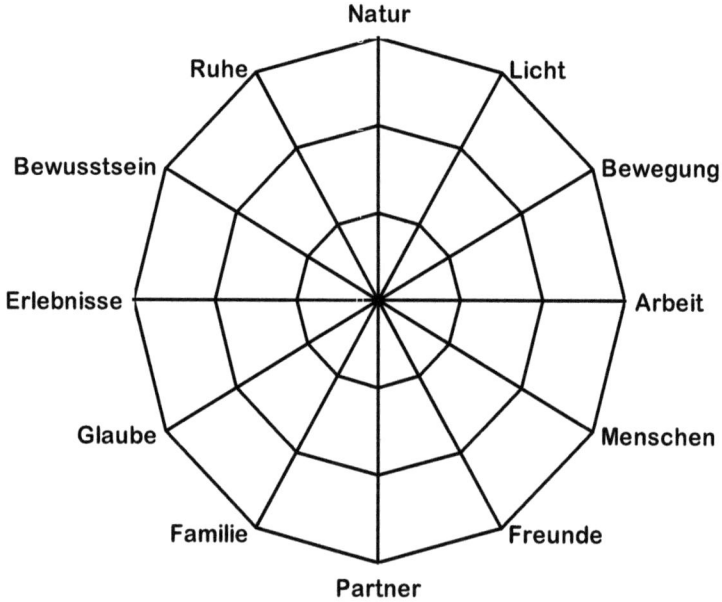

Abbildung 10: Überblick Kraftquellen, als „Kraftspinne".

Platz für Ihre Kraftquellen:_____
_____ …

10. In Wünschen steckt Glückseligkeit

> *Wir wählen alles und jedes Mittel zum Zweck,*
> *nur nicht das Glück, denn das ist Endziel.*
>
> Aristoteles, um 384-322 v. Chr., Philosoph und Globetrotter im Geiste

Ich denke, wir sind schon ganz gut auf dem Weg zur Zufriedenheit und Glückseligkeit. Vielleicht haben Sie nach dem letzten Kapitel ein wenig Zeit mit anderen Dingen verbracht, mehr Balance gesucht und Kraftreserven aufgetankt. Falls es so war, hoffe ich, dass Sie das genießen konnten. Das ist ein guter Schritt zur Zufriedenheit und damit zur Glückseligkeit. Mir hat das Schreiben gut getan und ich habe mich inzwischen auch mit anderen Dingen beschäftigt. Ich fühle mich wohl und ich hoffe, Sie auch.

Zufrieden sein, als guter Schritt zum Glücklichsein.

Wir haben wahrscheinlich schon alles, was wir brauchen zum Glücklichsein – oder es ist zumindest in unserer Reichweite. Es sind vor allem unsere Wünsche, die wir wohldosiert dafür nutzen können. Leider empfinden wir das nicht immer so. Dann wollen wir mehr als wir bekommen können und das Pendel schlägt nach unglücklich und unzufrieden aus.

Im Buddhismus heißt es recht radikal: *„Leben heißt leiden"* Damit ist gemeint: Solange wir leben, haben wir Wünsche und wenn diese nicht befriedigt werden, leiden wir. Wünsche können uns also auch leiden lassen. Das klingt hart, aber wenn wir darüber nachdenken, ist da sicher viel dran.

Warum leiden wir in Situationen mal mehr oder auch mal weniger als andere Menschen? Ich vermute, weil die Bedürfnisse jeweils anders liegen. Und was können wir tun, damit wir weniger leiden? Sie ahnen es vielleicht schon: Weniger wünschen! Der Spruch *„wunschlos glücklich zu sein"* kann damit eine sehr eindrucksvolle Bedeutung bekommen.

Wünschen Sie sich nicht zuviel – das kann unglücklich machen.

Meiner Meinung nach hat die Lebensqualität und Glückseligkeit nicht mit der Menge oder Größe der Wünsche zu tun – ganz im Gegenteil. Wir sind glücklich, wenn etwas in Erfüllung geht. Ein schönes Gefühl. Das stellt sich dagegen *nicht* so stark ein, wenn wir uns *zuviel* gewünscht haben oder nur ein Teil in Erfüllung ging.

Leiden hängt also schon mit der Menge und Größe der Wünsche zusammen. Je mehr wir uns wünschen, desto weniger erkennen wir, was wir haben und bemerken auch seltener das kleine Glück, wenn kleine Wünsche in Erfüllung gehen. Haben wir jedoch eher kleine und weniger Wünsche, gewinnt deren Erfüllung viel mehr an Bedeutung. Denken Sie ruhig einmal darüber nach.

Unsere Gesellschaft ist meiner Auffassung nach sehr stark auf den permanenten Wunsch nach *„Mehr"* ausgerichtet. Daher ist es dann nicht verwunderlich, dass wir in Industrieländern häufig unglücklicher sind als Menschen in Entwicklungsländern – obwohl unser Wohlstand und die Lebenserwartung bereits deutlich höher sind.

Es kann darauf ankommen, wohin wir uns im Leben entwickeln.

Ich glaube, dass Menschen schwerlich erkennen, wo sie stehen – aber sie empfinden sehr wohl, wohin sie sich bewegen. Ein Vergleich hierzu: Einem Reichen, der sein halbes Vermögen verloren hat, geht es psychisch sicher schlechter, als einem Studenten, der sich gerade mit seinem ersten Geld eine kleine Wohnung leisten konnte. Obwohl der Student doch immer noch viel weniger hat als der Reiche.

Wie es uns geht und was wir besitzen, hängt nicht unmittelbar zusammen. Es geht eher um die Frage, wohin die Reise geht, als wo wir gestartet sind. Wenn Sie das nicht so sehen, kann ich das gut verstehen, aber es wäre schön, wenn Sie versuchen würden, diesen Gedanken einmal nachzugehen. Vergleichen Sie das doch einmal mit Ihrem oder anderen Schicksalen.

Eine ähnliche Betrachtung verdienen sicher auch unsere Probleme. Diese kann man meiner Auffassung nach wie Wünsche verstehen. Die Hausarbeit, die zu erledigen ist, offene Rechnungen, ein paar Kilo abnehmen etc., das sind doch auch nur Wünsche, die uns bedrücken, wenn es zu viele oder zu große Themen sind. Die uns aber auch sehr glücklich machen können, wenn sie bewerkstelligt sind. Wen machen erledigte Arbeiten nicht glücklich?

> Probleme abzuarbeiten, macht uns glücklich.

Selbst hier können wir wieder feststellen, dass in westlichen Ländern oft viel mehr Probleme produziert werden als in ärmeren Ländern. Wir haben viel angehäuft und das will auch bedient werden. Statt sich natürlich zu bewegen, müssen viele mit dem Auto ins Fitnesszentrum fahren. Tasche packen, tanken fahren, im Stau stehen – das gehört alles dazu, bevor wir durchschnittlich eine Stunde trainieren können. Und, wie viel Zeit erspart Ihnen zum Beispiel ihr Computer und wie viel stiehlt er Ihnen? Ich hoffe, dass ich Ihnen damit nicht den Spaß verdorben habe, aber manche Einsichten brauchen ein wenig Schmerz.

Wo liegt nun der Ausweg? Weniger wünschen, sich weniger Probleme machen, ist das so einfach? Sicher nicht – aber jeder kleine Schritt in diese Richtung ist spürbar. Wenn Sie diesen Weg gehen, werden Sie merken, wie es sich entwickelt. Und das gibt Ihnen schon ein gutes Gefühl – ein wenig mehr an Zufriedenheit.

Unsere Wünsche und Probleme folgen alten ausgetretenen Wegen und sind nicht einfach zu verringern. Wir können uns aber auf einzelne Dinge konzentrieren. Immer schön einer Sache nach der anderen nachgehen und nicht alles gleichzeitig – quasi den Wust im Kopf verringern. Was ist gerade für uns das wichtigste Bedürfnis? Dann wird der Überfluss an Wünschen und Problemen automatisch geringer und unsere Lebensqualität steigt.

Bleiben Sie dran und haben Sie Geduld. Spüren Sie auch stets nach, wenn Sie etwas gemacht oder verändert haben, oder etwas in Erfüllung gegangen ist. Und auch wenn eine Sache nicht das Größte ist, so ist sie dennoch nicht wertlos. Gerade die Erfüllung kleiner Wünsche kann sehr zu unserer Zufriedenheit und Glückseligkeit beitragen.

Schritte in die richtige Richtung fühlen sich gut an.

Wenn Sie die Dinge eher nacheinander machen, stets nachspüren und sich dabei auch über kleine Ergebnisse freuen, dann werden Sie vermutlich auch das Glück haben, einen *„Flow"* zu verspüren. Das ist das schöne Gefühl, wenn alles gut gelingt und das immer wieder. Wie beim Glücksspiel, wenn es *„bing, bing, bing"* macht, werden dabei Botenstoffe im Gehirn ausgeschüttet, die Sie zusätzlich glücklich machen. Das würde ich Ihnen wünschen, denn Sie hätten sich das dann ja verdient. Nicht etwa, weil alles so gut gelungen ist, sondern eher deshalb, weil Sie die Dinge anders angegangen sind und vielleicht auch anders bewerten. Das haben wir ja bereits im Kapitel *„Das Ding mit der Aufmerksamkeit"* gehabt.

Zum Thema Glückseligkeit habe dann noch eine kurze Frage: Was macht glücklicher: Eine halbe Tafel Schokolade oder eine halbe Stunde Sport? Anders ausgedrückt: Wie können uns Genuss oder Aktivitäten beglücken?

Genuss und Aktivitäten
machen beide auf ihre Art glücklich.

Der Genuss von Bananen, Nüssen oder Schokolade macht uns schon beim Verzehr glücklich – zumal sie beispielsweise Serotonin enthalten. Manchmal brauchen wir das, aber ist das nachhaltig? Genießen wir davon zuviel, geht's uns hinterher in vielerlei Hinsicht schlecht. Anhand von Bananen hatten wir das ja bei den *„Gossenschen Gesetzen"* im Kapitel *„Alles eine Frage der Dosierung"* geklärt.

Wie sieht's dagegen mit (sportlichen) Aktivitäten aus? Da müssen wir uns manchmal überwinden. Hinterher belohnt uns unser Körper aber mit einem Serotoninschub aus unserem Gehirn, quasi aus eigener Herstellung. Der wird ausgelöst, da wir etwas vollbracht haben. Hinzu kommt, dass wir uns durch die verbrannten Kalorien sogar noch eine zusätzliche Portion Glück in Form von Schokolade gönnen dürften. Hier eröffnet sich multiples Glück...

Ein vielfaches Glück steht sicher nicht im Widerspruch zur Konzentration seiner Aufmerksamkeit auf eine Sache, wofür ich ja häufig plädiere. Ganz im Gegenteil. Durch die Kombination verschiedener Kraftquellen bei einer Aktivität kann in einem Moment noch mehr Glückseligkeit empfunden werden. Zum Beispiel: Sport im Freien mit Freunden. Das sind ca. fünf Kraftquellen auf einmal (Natur, Licht, Bewegung, Erlebnisse, Freunde). Wenn ich mir hinterher noch ein leckeres Frühstück in einem gemütlichen Café gönne und dabei mit netten Leuten plauschen kann, kommen noch ein paar hinzu. Da fällt Ihnen doch sicher auch etwas dazu ein – seien Sie kreativ!

Nutzen Sie viele Kraftquellen als Glücklichmacher.

Ein weiterer Baustein zum Glücklichsein ist, ein ausgewogenes Verhältnis des Gebens und Nehmens in unserem Leben zu pflegen. Im Volksmund heißt es bereits *„Geben* *ist seliger denn Nehmen"*, bereits beim Geben tun wir ja auch wieder etwas für uns. Die freudigen Augen des Empfängers können uns nämlich auch reichhaltig belohnen. So gesehen nutzt ein Geschenk beiden Seiten. Schenken tut also gut, oder?

Es gibt trotzdem bestimmt viele Menschen, denen es schwer fällt, etwas abzugeben, egal wie viel oder wenig sie haben. Falls Sie nicht genau wissen, ob sie dazu gehören – diese Menschen fühlen sich schnell auf den Schlips getreten, wenn man sie für geizig hält. Großzügige Menschen stört dieser Vorwurf dagegen kaum. Vielleicht hilft ersteren beim Abgeben oder Schenken das folgende indianische Sprichwort: *„Den Reichtum eines Mannes (Menschen) erkennt man nicht daran, was er hat, sondern was er gibt."* So gesehen kann Schenken nicht nur glücklich, sondern auch reich machen.

Andererseits gibt es auch Menschen, denen es schwer fällt, etwas anzunehmen. Hiermit verbunden ist manchmal auch das Gefühl, viel zu geben und wenig zurückzubekommen. Das hängt meiner Ansicht nach miteinander zusammen, da es eine Unausgeglichenheit des Gebens und Nehmens beinhaltet. Denen möchte ich gerne sagen, dass in vielen asiatischen Kulturen die Gabe von Geschenken ein Ausdruck der *Wertschätzung* ist. Demnach sollten wir uns vielleicht weniger auf das geschenkte Objekt oder dessen Wert konzentrieren, sondern auf die Geste des Schenkens. Darin steckt doch auch Liebe und Anerkennung. Das wünscht sich doch jeder. Was wollen wir mehr zum Glücklichsein? Daher:

Geben und nehmen Sie viel – das tut allen gut!

Mein Tipp: Wenn Sie gerade einmal keinen Wunsch, kein Bedürfnis und kein Problem spüren – machen Sie sich auch ja keines. Halten Sie besser inne und spüren Sie ganz tief in sich hinein. Versuchen Sie sich diesen Moment und das dazugehörige Gefühl gut einzuprägen. Die Empfindung, nichts zu wollen und auch nichts zu müssen, ist Zufriedenheit und Glückseligkeit pur.

Gerade diese Momente sind für viele eher unbekannt und führen manchmal zu einem gewissen Unbehagen. Dann wird nach Problemen oder Gedanken gesucht, obwohl wir das gar nicht müssten. Jetzt, wo Sie das wissen, können Sie es aber beim nächsten Mal voll und ganz genießen.

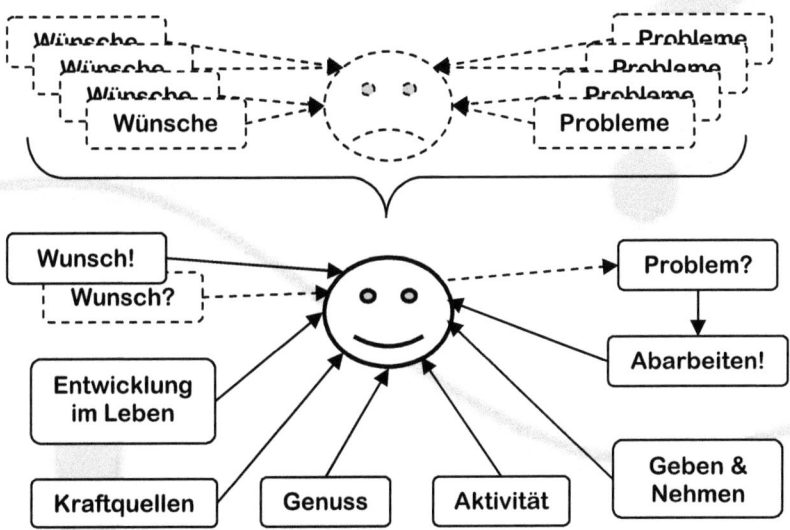

Abbildung 11: Zusammenhang zwischen Wünschen, Problemen und Glückseligkeit.

Platz für Ihre Zufriedenheit:_____
_____...

11. Therapeuten sind auch nur Menschen

Erkanntes Übel ist gut.

Aristoteles, um 384-322 v. Chr., aus einer griechischen Ärztefamilie

Haben Sie schon einmal mit einem Therapeuten zu tun gehabt? Gehen Sie regelmäßig zur Therapie? Suchen Sie noch etwas Passendes oder überlegen, ob Sie so was brauchen? Dann könnte dieses Kapitel besonders interessant für Sie sein, sonst natürlich auch. Zunächst die wichtigste Frage:

Warum gibt es überhaupt Therapeuten?

Ganz früher gab es keine Therapeuten. Da hatten wir ja auch weniger Wünsche oder Probleme, wie wir inzwischen wissen. Wir waren dadurch wahrscheinlich auch glücklicher und ausgeglichener. Das Dorf, die Familie oder die Sippe haben immer ausgereicht, um sich auszuquatschen. Unser Steinzeithirn ist auf ca. 20-30 Bezugspersonen ausgerichtet. Versetzen wir uns kurz in diese Lage: Mit soviel Bezugspersonen kommen wir gut klar. Da finden wir auch immer jemanden, mit dem wir gut können und der uns einen hilfreichen Rat gibt. Heute wird es dagegen für viele in der Flut der Kontakte schwer, einen passenden Vertrauten zu finden.

Moderne Zeiten brauchen aber auch moderne Lösungen, und so ist vermutlich mit der Zeit der Therapeut entstanden. Der *„Therapeut"* ist hier zunächst als Sammelbegriff und geschlechtslos gemeint. Der moderne Heiler weiß natürlich auch viel mehr über Körper und Seele als früher. Wir könnten ihn ruhig weiterhin *„Heiler"* nennen, denn hier handelt es sich um einen fortschrittlichen Heilberuf. Ein Therapeut ist eben stets ein waschechter Profi. Wir haben es immer mit einem studierten Menschen zu tun, der aber aus unterschiedlichen Fachrichtungen kommen kann. Mal sehen, was wir da haben...

Der *Psychiater* ist Mediziner, also Arzt, und hat noch Psychologie studiert. Er kann das Körperliche, die sogenannte Somatik, mit einbeziehen, darf Sie anfassen, Sie krank schreiben und Ihnen Pillen verordnen. Falls Sie aus irgendeinem Grund nicht zum Psychiater gehen wollen, tut es manchmal auch ein guter *Allgemeinmediziner* – der darf Sie nämlich auch anfassen, krank schreiben oder Ihnen Pillen geben. Mehr werde ich übrigens nicht zu Medikamenten schreiben – fragen Sie da besser Ihren Arzt oder Apotheker...

Der *Psychologe* ist dagegen kein Arzt, sondern im Grunde Forscher, also Wissenschaftler. Das sieht man schon an der Endung: „...*loge*". Er hat Psycho*logie* studiert und benötigt eine psychotherapeutische Zusatzausbildung, um sich *Psychotherapeut* zu nennen. Erst dann darf er Sie befragen und aushorchen. Abtasten etc. wie die Ärzte darf er Sie allerdings nicht.

Verwirrenderweise gibt es in diesem Bereich noch den *Neurologen*, der aber kein Forscher („...*loge*"), sondern doch wieder Arzt ist. Der darf Sie auch wieder anfassen, krank schreiben etc. Er ist quasi so was wie ein Spezialist unter den Psychiatern und kennt sich besonders gut mit ihrem Nervensystem aus. Aber damit gehe ich Ihnen jetzt nicht weiter auf den Nerv...

Der *Psycho*therapeut ist aber auf keinen Fall mit dem *Physio*therapeuten zu verwechseln Dieser kümmert sich weniger um unser Gemüt, als um unseren Leib. Viele, die zu ihm gehen, meinen jedoch zu Recht, dass er nicht nur dem Körper, sondern auch der Seele gut tut. Gesunder Körper und gesunder Geist hängen sicher auch zusammen. Den Physiotherapeuten gab es in der Steinzeit vermutlich ebenfalls noch nicht und Sie erkennen hier wahrscheinlich auch eine ähnliche Problematik...

Dabei belasse ich das erst einmal. Wahrscheinlich habe ich mich schon viel zu weit in diesen Dschungel vorgewagt. Ich dachte jedoch, die verschiedenen Qualifikationen könnten mal erläutert werden, da sich kaum einer damit auskennt und die Arbeitsfelder oft durcheinander geworfen werden. Ich habe diese Dinge mit viel Mühe und nach bestem Wissen, aber gewissenlos, wie ich nun mal bin, recherchiert. Den Rest „googeln" Sie bitte bei Bedarf.

Jetzt noch die verschiedenen Therapieformen: Diese teilen sich hauptsächlich in zwei Richtungen auf, was meines Erachtens gar nicht so relevant ist (jetzt kreischt mein Therapeut vermutlich). Ob Sie nun aber den kurzfristigen Ansatz der Verhaltenstherapie (VT) mit Schwerpunkt Änderung Ihres Verhaltens oder den längeren tiefenpsychologischen Ansatz (TP), auch Psychoanalyse genannt, mit Schwerpunkt Ursachenforschung wählen, es wird immer Überschneidungen zwischen den Ansätzen geben und in etwa gleichviel Zeit für die Therapie brauchen. Denn platt gesagt: Keine „VT" kommt ohne Ursachenforschung aus und keine „TP" ohne Blick auf Verhaltensänderungen. Das ist natürlich nur meine Meinung...

Die „VT" wird übrigens eher in Kliniken zu finden sein, die sich hiervon einen schnelleren Erfolg versprechen und die „TP" eher bei niedergelassenen Psychologen, die sich da mehr Zeit lassen können. Damit sich aber bei Ihnen etwas ändert, brauchen Sie in beiden Fällen ungefähr die gleiche Portion Einsicht, Übung und letztendlich viel Geduld. Was da viel bedeutsamer wird, ist sicher der Mensch, dem Sie gegenüber sitzen – egal welche Fachrichtung er studiert hat oder welchen Ansatz er mit Ihnen durchgeht.

Der Therapeut ist letztendlich für uns vor allem ein Ersatzvertrauter und -ratgeber.

Der Therapeut sollte uns ermöglichen, uns und unsere Umgebung ganzheitlicher wahrzunehmen, also über unseren Tellerrand zu blicken. Damit und mit seiner ganzen Erfahrung sollte er uns helfen, wieder in die psychische Balance zu kommen. Damit ist schon klar, was einen guten Therapeuten vor allem ausmacht, nämlich ein gutes Einfühlungsvermögen und viel Erfahrung. Hier halte ich es wie Dr. Eckart von Hirschhausen, der einmal meinte: *„Der Therapeut sollte einem grundsätzlich sympathisch sein und in der menschlichen Reife etwas voraus. Also mindestens eine Woche..."*

Verlassen Sie sich da ruhig wieder auf Ihre Intuition – das schadet nie. Sie sollten für sich auch immer wieder kontrollieren, ob Sie das Gefühl haben, Fortschritte zu machen. Das kann manchmal etwas dauern oder stoßweise passieren, aber mittel- bis langfristig soll es Ihnen ja besser gehen. Ein guter Therapeut sollte sich meiner Meinung nach mit Bewertungen zurückhalten, geduldig und freigiebig sein, auch mal etwas aushalten können, offen bei Fragen und Ratschlägen sein, sowie uneigennützig sein – das Honorar mal ausgenommen. Schauen Sie sich auch einmal seine Praxis genauer an – das sagt viel über ihn aus. Wenn es nicht passt oder nicht vorwärts geht, wäre vielleicht auch mal ein Therapeutenwechsel angedacht. Das sollten Sie sich aber gründlich überlegen und Ihre Alternativen vorher kennen.

Sollten Sie einen Therapeuten haben, mit dem Sie rundum zufrieden sind und auf den Sie nichts kommen lassen – sagen Sie ihm das ruhig. Wie schon erwähnt, *die* freuen sich auch über aufrichtiges Lob und Anerkennung, denn

Therapeuten sind auch nur Menschen.

Falls Sie noch etwas Passendes für sich suchen, wird's schwieriger. Therapeuten sind Mangelware und richtig Gute erst recht – die sind meist für lange Zeit ausgebucht.

Glutstaufe

Am Besten klappt es auf Empfehlung eines Arztes oder einer Klinik – das öffnet die Türen schneller und die kennen ihre Kollegen meist ganz gut. Freunde und Bekannte würde ich nicht fragen, da ein Therapeut anonym bleiben sollte – sonst kann es schon mal ein Problem mit der Befangenheit geben. Falls Sie sich trotzdem lieber selber einen Therapeuten suchen wollen, fangen Sie bitte noch einmal beim Anfang dieses Absatzes an zu lesen. Sie könnten natürlich auch ein Glückspilz sein und andere Erfahrungen machen...

Einen gewissen Unterschied gibt es dann noch beim Geschlecht. Meist sind gleichgeschlechtliche Therapeuten vorzuziehen. Sie finden das Quatsch? Denken Sie mal über Wechseljahre oder Erektionsprobleme nach. Das Einfühlungsvermögen ist auf jeden Fall anders – wir haben das in Gruppen mehrfach diskutiert und sind meist zum gleichen Schluss gekommen.

Jemand sagte mal: *„Manchmal braucht man keinen Arzt, sondern einen guten Freund".* Vielleicht können Sie also auch einmal etwas anderes ausprobieren: Suchen Sie gute Kontakte.

Bauen Sie sich doch Ihre eigene Sippe auf.

Möglicherweise macht es eine Selbsthilfegruppe, ein Sportverein, öfter mal mit Freunden und Familie treffen usw. Prüfen Sie Ihre Kraftquellen und schaffen Sie sich den Ausgleich, den Sie brauchen. Beachten Sie, dass Sie die Dinge nicht alleine machen müssen. Vielleicht hat Ihnen Ihr Therapeut auch schon dazu geraten!? Ein bester Kumpel oder eine *„Busenfreundin"* ist meiner Ansicht nach unabdingbar. Da hat mich auch mein Therapeut drauf gebracht. Möglichst gleichgeschlechtlich würde ich auch hier empfehlen. Denn auch da findet sich oft ein anderes Verständnis (siehe oben).

Mein Tipp: Sagen Sie Ihrem Therapeuten offen, was Sie wollen, was Sie erwarten und auch was Sie befürchten. Sie können ihm mit Ihrem Feedback die Arbeit nur erleichtern. Und, er kann damit umgehen – er ist ja Profi.
Wenn Sie einen Vertrauten haben, können Sie das natürlich auch so machen. Aber bitte etwas sachter – das sind ja nun mal keine Profis.

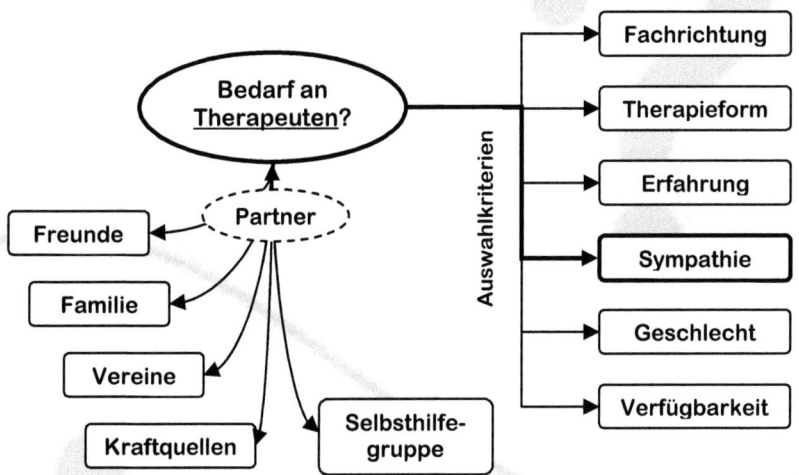

Abbildung 12: Therapeutenwahl & Partner der Therapie.

Platz für Ihre Therapie:_____
_____ ...

12. Von Mitgefühl und Anteilnahme

Es geht Dich auch an, wenn das Haus des Nachbarn brennt.

Horaz, 65-8 v. Chr., Kanzleibeamter in Rom und Poet

Manchmal geht es uns vielleicht nicht so gut, aber sicher wird das auch einmal einen anderen Menschen treffen. Wie können wir mit dem Leid eines anderen Menschen aufrichtig umgehen und was bedeutet Anteilnahme?

Unter gleichbedeutenden Worten finden wir zum Beispiel: Mitempfinden, Barmherzigkeit, Erbarmen, Mitgefühl oder Mitleid. Für mich, und viele andere vermutlich auch, ist das zunächst ein schweres Thema. Warum eigentlich? Weil viele von uns es nicht richtig gelernt haben mit dem Leid anderer Menschen umzugehen? Falls es Ihnen auch so geht, dann lassen Sie es uns doch mal versuchen.

Wenn wir unter den sinnverwandten Begriffen weitersuchen, finden wir auch die Hilfsbereitschaft – das kriegen wir doch hin. Auch Mitgefühl und Barmherzigkeit ist uns doch gut möglich, oder? Es geht also zunächst um die Einfühlsamkeit, die Bedürfnisse anderer zu erkennen, aber dann auch um

die grundsätzliche *Bereitschaft*, anderen zu helfen.

Anteil nehmen zu können, heißt für mich zunächst auch, mit allen Sinnen durchs Leben zu gehen – nicht wegsehen, wenn es mal unangenehm wird. Weiterhin auch Hilfe anzubieten, sofern angemessen, und zu handeln, falls gewünscht. Was ist denn jetzt so schwer daran? Ich sag es Ihnen: Das Gefühl, oft doch nicht helfen oder nicht handeln zu können – das frisst mich häufig auf. Sie auch?

Machen wir es uns aber nicht so schwer. Wegen der Befürchtung, nicht helfen zu können, sollten wir uns dem

Ganzen nicht entziehen. Vielleicht sollten wir trotzdem mit offenen Augen durchs Leben gehen und unsere Hilfe stets anbieten. Ich glaube, wann immer wir helfen können, werden wir meist feststellen, dass uns das selbst auch gut tat. Wenn wir dagegen an einer solchen Situation vorbei gegangen sind, bleiben eventuell schlechte Gefühle.

Zwar betone ich immer *„Sie hätten die Wahl"*, aber eigentlich stimmt das hier gar nicht so. Sind Sie beispielsweise Altruist, also jemand, der immer nur an andere denkt, dann haben Sie ja bereits die Grundhaltung allen zu helfen. Sind Sie dagegen Egoist wie ich, dann müssten Sie anderen deshalb helfen, damit Sie selbst spüren können, wie gut Ihnen das Helfen tut. Meine sicher einleuchtende Theorie lautet daher: *Egoismus ist der bessere Altruismus!* Sonst wäre ich ja auch nicht Egoist geworden...

> Es ist gleich, aus welchen Motiven wir helfen:
> Es tut allen gut.

Hilfsbereit zu sein kann aber auch bedeuten, mit dem eigenen Leiden konfrontiert zu werden. Stellen Sie sich vor, Sie trösten jemanden und der fängt dann erst richtig an zu weinen. Das kann uns selbst auch ganz schön erschüttern. Da sollten wir dem anderen Menschen gegenüber zunächst standhaft bleiben und durchhalten, bis wir uns selbst später irgendwo Trost holen können.

Machen Sie sich eventuell auch frei von dem Wunsch, dass die Hilfe einen bestimmten Erfolg haben muss. Allein der Versuch und die Bereitschaft bedeuten viel Mitgefühl – für sich und andere. Und gerade in Zeiten von Trauer sind für Angehörige der einfühlsame Kontakt mit Menschen, ein offenes Gespräch und ein wenig Trost doch eine sehr große Unterstützung. Leider habe ich das früher nicht immer so gemacht und bedaure das sehr.

Manche kommen allerdings mit dem Schicksal anderer Menschen schwer zu recht und können demzufolge nicht gut damit umgehen. Das müssen Sie auch nicht. Machen Sie sich klar, dass Sie selbst auch Ihre Probleme zu meistern haben und dass Ihnen ein wenig Beistand Hilfe genug wäre. So geht es auch Ihrem Gegenüber und Ihr Hilfsangebot wird sehr wohl gesehen werden. Ein Geistlicher sagte auch einmal dazu: *„Ich teile das Leid anderer, aber belasse es bei Ihnen".* Mehr müssen wir nicht tun.

Mein Tipp: Der Dalai Lama schätzt das Thema Glück und Mitgefühl wie folgt ein: *„Wenn Sie möchten, das andere glücklich sind – üben Sie Mitgefühl. Wenn Sie möchten, dass Sie glücklich sind – üben Sie Mitgefühl."* Für mich ist das ein äußerst sympathischer und greifbarer Ansatz.
Wenn Sie sich Mitgefühl oder *„aufrichtige Anteilnahme"* immer noch schwer zutrauen, dann seien Sie doch einfach hilfsbereit – und das, wo immer Sie können. Der Mensch, dem Sie gerade helfen, wird sich über jede freundliche Zuwendung freuen. Und der Unterschied zwischen Hilfe, Mitgefühl und Anteilnahme ist gar nicht so bedeutend.

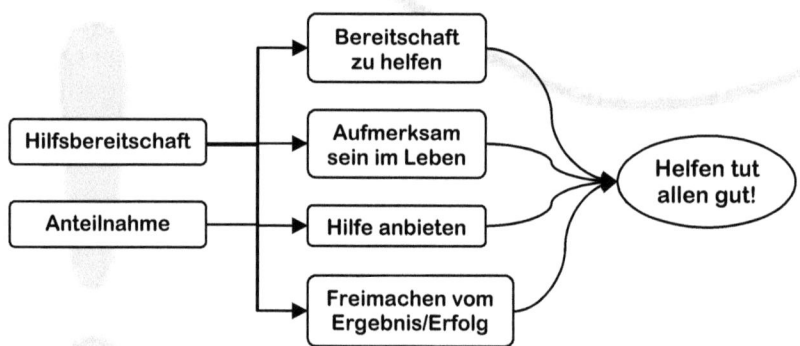

Abbildung 13: Ob Hilfsbereitschaft oder Anteilnahme: Die richtigen Schritten tun allen gut.

Platz für Ihre Hilfsbereitschaft:_____
_____ …

13. Die Kraft des Moments

> *Wir loben die guten Zeiten,*
> *leben aber besser in der Gegenwart.*
>
> Horaz, 65-8 v. Chr., Sohn eines Sklaven und Klardenker

Vieles im Leben kann uns ablenken. Aber kennen Sie die drei größten Verführer in unserem Leben? Es sind wahrscheinlich die Zukunft und die Vergangenheit, die uns in andere Zeiten entführen. Und dann ist da noch das „*Woanders*", das uns an andere Orte oder zu anderen Dingen lenkt. Aber eines ist doch klar: Keines von denen gibt es wirklich. Das sind alles nur Zeitdiebe und bei denen müssen wir aufpassen, damit sie uns nicht von wichtigeren Dingen im Leben abbringen.

In jedem unserer Momente ist die Zukunft noch gar nicht gegenwärtig, die Vergangenheit aber schon lange vorbei und das „Woanders" überhaupt nicht hier. Das Einzige,

was immer real bleibt, ist der Augenblick.

Manche nennen den Augenblick auch *"Den Moment"* und die Buddhisten sagen dazu etwas mystisch: *„Das Hier und Jetzt".* Sind dies also gar keine Träumer, sondern nur weise Realisten? Dazu kommen wir gleich noch einmal.

Es ist sicher gut, wenn wir unsere Verführer zunächst gut kennen und sie für unsere Zwecke zu nutzen lernen. In der Vergangenheit liegen schließlich unsere Erinnerungen und Erfahrungen, in der Zukunft unser Wünsche und Befürchtungen und im *„Woanders"* die derzeitigen Alternativen. Da liegt viel Potential für unsere momentanen Handlungen: Durch das Denken an sie können unsere Handlungen besser werden, und jede Handlung ist ja wieder real. Machen Sie sich das ruhig noch einmal bewusst:

Handlungen *–real*. Alles andere wie Erinnerungen, Wünsche oder Gedanken *–nicht real*.

Michelangelo wurde einmal gefragt, wie er seine Skulpturen fertigt. Er entgegnete, dass er einen Stein nimmt und alles Unnötige entfernt. Nehmen wir also einen Moment und entfernen Zukunft, Vergangenheit und alles Anderweitige. Was bleibt, ist der Augenblick oder *das „Hier und Jetzt"*. Mit der puren Konzentration auf den Moment ist alles Unnötige verschwunden.

Was bringt uns nun die Konzentration auf den Moment und wie machen wir das? Ich glaube, Sie kennen das Gefühl schon. Es ist die

> Klarheit, Ruhe, Kraft und Harmonie des Momentes,

wenn Sie sich nur auf eine einzige Sache konzentriert haben. Keine Ablenkung, keine störenden Gedanken. Die ganze Aufmerksamkeit nur auf das, was Sie gerade machen und was Sie dabei spüren. Das klingt doch recht einfach: Tun Sie also einfach nur, was Sie tun und machen und denken Sie dabei an nichts anderes. Viele gehen dafür zum Sport, joggen, betreiben Yoga oder probieren die verschiedensten Meditationstechniken aus. Wenn man sich darauf einlässt, klappt bestimmt alles.

Andere spüren das Meditative bereits bei täglichen Aktivitäten. Sie brauchen nur so was wie beispielsweise einen Schraubenzieher, Kochlöffel oder Stricknadeln in der Hand und schon sind sie weg. Mit dem passenden Werkzeug oder Instrument, kann jeder von uns

> Tätigkeiten ausüben, die uns ins Meditative absinken lassen.

Das ist meines Erachtens die einfachste Methode zu meditieren. Vielen fällt das leichter als Yoga und Co. Seien Sie kreativ und nutzen Sie Ihre Vorlieben.

Glutstaufe

Um die Kraft des Momentes zu spüren, können wir aber auch etwas von buddhistischen Mönchen lernen. Ein Reporter wollte einmal von einem Zen-Mönch das Geheimnis des Meditierens erfahren. Seine Antwort: *„Das ist ganz einfach: Wenn ich esse, dann esse ich. Wenn ich sitze, sitze ich. Und wenn ich stehe, dann stehe ich."* Erwidert der Reporter: *„Aber das mache ich doch auch!"* Lächelnd meint der Mönch: *„Wirklich? Ich denke: Wenn Du isst, dann stehst Du schon. Und wenn Du stehst, dann gehst Du schon..."* Grübeln Sie noch oder meditieren Sie schon?

Wir können nun das Gelernte zusammenfassen und, wenn Sie einen Moment Zeit haben, vielleicht auch gleich ausprobieren. Eventuell kennen Sie das schon vom Autogenen Training oder anderen Meditationstechniken. Nehmen Sie kurz Ihre Gedanken wahr – womit befassen Sie sich gerade? Halten Sie kurz inne. Die guten Gedanken können wir vielleicht für uns nutzen. Über die schlechten Gedanken dagegen sollten wir nur lächeln und sie fortschicken. Wir wissen ja, die sind fiktiv, also *nicht real.* Nun sind wir frei und können uns auf das konzentrieren, was real ist. Zum einen auf unsere Umwelt, in der wir uns gerade befinden. Zum anderen können wir auch wieder in uns hineinschauen. Das hatten wir ja auch schon im Kapitel *„Sind Sie ein guter Beobachter?"* angesprochen und Sie können sich dort auch noch weitere Anregungen holen.

Wahrscheinlich haben Sie einen gewissen Unterschied zu Ihrer sonstigen Wahrnehmung gemerkt. Was wir bei dieser Art der Betrachtung spüren und empfinden, können wir gut für uns nutzen. Da lassen sich zum Beispiel Ängste überwinden – schlechte Gedanken verblassen, die sind ja *nicht real.* Wir können Kräfte mobilisieren, denn nichts lenkt uns mehr ab. Wir können Prozesse beschleunigen – die ganzheitliche Wahrnehmung hilft uns dabei. Oder einfach nur genießen – mit der puren Konzentration auf unse-

Glutstaufe

re Handlung oder Wahrnehmung. Viel Spaß bei Ihrem nächsten Kaffee!

Mein Tipp: Warten Sie gerne? Vielleicht macht Ihnen das bald nichts mehr aus. Nutzen sie doch diese Momente für sich. Schauen Sie einmal, wie die „Verführer" aus der Zukunft, Vergangenheit oder dem Woanders sich Ihrer bemächtigen wollen. *Was muss ich noch tun? Wie war die Situation neulich? Was wird der jetzt gerade machen?* Alles Unsinn! Wenn Sie jetzt nicht warten müssten, würden Sie auch nicht daran denken. Also weg mit den Verführern und die Wahrnehmung zurück auf den Moment.

Da sehen wir plötzlich Dinge, die scheinbar vorher gar nicht da waren oder nehmen sie ganz anders wahr. Kinder auf der Strasse, Musik im Hintergrund, die Sonne wärmt und Sie werden merken, wie gelassener Sie werden. Genuss pur! Und dadurch werden übrigens auch nachhaltig Stresshormone abgebaut.

Warten kann Ihnen viele perfekte Momente bescheren. Halten Sie vielleicht öfter mal inne. Jede rote Ampel ist willkommen, jedes Wartezimmer.

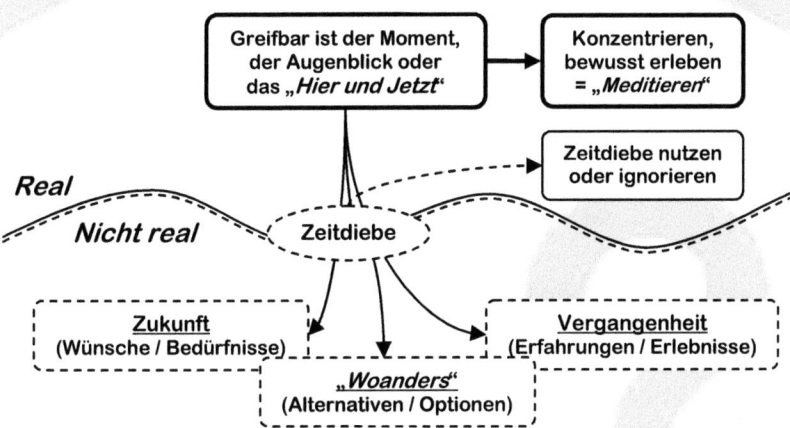

Abbildung 14: Zwischen real und nicht real unterscheiden, als Grundlage für „*den Moment*".

Platz für Ihre Momente:_____
_____...

14. Von Trickbetrügern und Blendern

> *Last uns etwas suchen,*
> *was nicht nur dem äußeren Scheine nach gut ist.*
>
> Seneca, 4 v. Chr. – 65 n. Chr., glücklicher Multimillionär

Unser Leben ist sehr komplex geworden und vieles zieht und zerrt mit einiger Kraft an uns, obwohl wir es im Innersten vielleicht gar nicht so möchten. Das kann bestenfalls nerven, uns aber schlimmstenfalls auch aus der Bahn werfen. Hier besteht die Gefahr von Ausbeutung und daher möchte ich in diesem Kapitel vor einigen Dingen warnen, damit wir uns nicht überlasten, sondern uns wieder auf unsere Lebensziele konzentrieren können.

Diesen „Dingen" möchte ich zunächst auch ein Gesicht geben und nenne sie daher *„Trickbetrüger und Blender"*. Aber wo kommen die her und warum ziehen manche uns so magisch in ihren Bann? Kurz gesagt: Sie ködern uns, lenken unsere Aufmerksamkeit auf sich, rauben unsere Zeit oder unser Geld und so weiter. Dabei

suchen Trickbetrüger & Blender nur ihren Vorteil.

Ich möchte Ihnen ein paar Beispiele nennen und wie wir damit umgehen könnten – was Sie davon umsetzen, bleibt natürlich Ihre Entscheidung:

- Unsere <u>Postfächer</u> sind beispielsweise voll mit Ködern: Superwichtigen Bekanntmachungen, auf den Bildschirmen flackern brandaktuelle Nachrichten oder Werbeangebote und ständig versuchen uns Leute von ganz doll wichtigen Sachen zu überzeugen. Viele Menschen können diesen Verheißungen nicht widerstehen, kaufen sich einen Haufen an Dingen. Das mag jeder unterschiedlich betrachten und handhaben. Jeder muss da auch sein eigenes Gleichgewicht finden. Dennoch, darüber gründlich nachzudenken, was jeder wirklich im Leben benötigt, schadet sicher nichts.

- So können wir uns ruhig auch Gedanken machen, bis wohin die Masse an Informationen und <u>Werbeflut</u> aus den Medien unserer Aufklärung dient und ab wann nicht mehr. Da ihr Selbstzweck oft das Erschaffen neuer Bedürfnisse ist, könnten wir doch vorsichtiger sein und lediglich den Auskünften nachgehen, die wir ursprünglich gesucht haben. Das könnte uns viel Zeit oder Geld ersparen. Ein sorgsamer Umgang mit den Infos aus TV, Zeitungen und dem Internet etc. kann unseren Wissensdrang vielleicht sogar effektiver befriedigen. Der Rest ist meiner Ansicht nach ein Fall für den Mülleimer.

- Wenden wir uns noch den <u>modernen Kommunikationsmitteln</u> und ihrer Software zu. Deren Bedienung und ihre permanenten Updates erfordern mittlerweile ein Expertenwissen, wie sie in den 80er bis 90er Jahren nur wenige Personen besaßen. Manche Menschen gehen darin vollkommen auf. Natürlich kann so etwas sehr befriedigend oder auch nützlich sein: Manch einer braucht die neuesten Dinge für seine Arbeit und das Internet ist auch eine tolle Informationsquelle, die ich nicht missen möchte. Und wenn „Oma" mit ihren Enkeln in Übersee „*skypt*", dann ist das auch eine wunderbare Sache, die uns unser Leben bereichert. Viele Menschen könnten sich dennoch fragen, ob es wirklich ständig das Neueste vom Neuen sein muss, oder ob sie sich mit der Bedienung der neuesten Geräte nicht etwas überfordern.

    Alte Besen kehren bisweilen gründlicher als neue – weil man sich mit Ihnen besser auskennt.

- Bisweilen üben wir aber auch <u>Tätigkeiten</u> aus, die gar nicht zu uns passen. Sind wir oder unsere Kinder zum Beispiel mit den neusten Trendsportarten nur „*In*" oder

Glutstaufe

auch glücklich? Wenn es hier etwas zu optimieren gilt, dann sicher eher unser Wohlbefinden. Und das ist wie bei allen anderen Modetrends auch – wahrscheinlich eine gute Balance zwischen Wechsel und Beständigkeit. Also mal was Neues probieren, aber halt nicht alles.

- Der stark angestiegene Mailverkehr, der Dokumentationsaufwand vieler neuer <u>Managementsysteme</u> und der ständige Wunsch nach Erreichbarkeit überfordern viele Menschen zusehends. Eine gute Erreichbarkeit wird schnell zum Fluch, wenn wir den Anforderungen qualitativ oder quantitativ nicht mehr folgen können. Derartige Arbeitsweisen erzeugen bei vielen Menschen auch kein produktives Gefühl und folglich auch keine Zufriedenheit. Oft scheinen wir dem fast machtlos ausgeliefert zu sein. Machen Sie sich das bewusst und schauen Sie, wo Sie das eine oder andere für sich durchbrechen können: Statt eine Mail zu schreiben, rufen Sie denjenigen an, oder statt eines Anrufs gehen Sie einfach vorbei? Das geht jeweils schneller, ist ganzheitlicher und befriedigt auch unser Kontaktbedürfnis. Machen Sie sich klar:

> Keine Datenleitung der Welt ist in der Lage, die Informationen eines Händedrucks zu übertragen.

- Werfen wir noch einen Blick auf die <u>Finanzmärkte und Schnäppchenjäger</u>. Was hier los ist, zeigt meiner Meinung nach, wie Habgier zu einem großen Gesellschaftsproblem geworden ist. Bei der Gewinnmaximierung heutiger Managementsysteme, aber auch unserer Haushalte(!), werden auf der anderen Seite unser globalisierten Welt Ressourcen entnommen oder regelrecht „*verbrannt*". Je kurzfristiger dies orientiert ist, desto rücksichtsloser und weniger nachhaltig passiert das. Das geht sehr zu Lasten von Mensch und Natur. Vielleicht nicht hier, aber weltweit ist das ein Übel, das viel Leid verursacht. Ich hab's gesehen – nicht nur im Fernsehen. Aber zurück zum lieben Geld: Haben Sie ein wenig davon? Dann achten Sie besonders hier auf Trickbetrüger und Blender. Gehen Sie im Zweifel besser auf Nummer Sicher und lassen Sie sich nicht ködern. Überlegen Sie aber bitte auch, was Sie tatsächlich mit Ihrem Geld anfangen wollen und wofür es Ihnen oder anderen nutzen soll. Oder wie meine Frau immer zu sagen pflegt: *„Du kannst später nichts mitnehmen – das letzte Hemd hat keine Taschen!"*

- Das Wichtigste ist und bleibt natürlich immer noch <u>der Mensch</u> in unserer Umgebung. Aber selbst der liebenswürdigste Mensch kann einem manchmal den letzten Nerv rauben: Ob quasselnde Nachbarn, nervende Finanzberater oder nörgelnde Kollegen. Menschen sind wichtig, aber nicht alle sind angenehm. Manchmal müssen wir denen auch mal aus dem Weg gehen, wenn uns unsere innere Stimme davor warnt. Dann tun Sie das. Ich muss dann oft ganz dringend auf die Toilette...

Das war jetzt nur ein kurzer Abriss einiger Dinge, die uns aus unserer Umwelt belasten und uns von unseren Zielen ablenken können. Vorwiegend geht es in diesem Buch natürlich um uns und unser Wohlbefinden. Hier spielt aber unsere Umwelt deutlich hinein und ich wollte Ihnen einige Anregungen geben, über verschiedene Zusammenhänge einmal unter anderen Blickwinkeln nachzudenken.

Was ich in diesem Kapitel beschrieben habe, ist meiner Ansicht nach auch ein Spiegelbild der heutigen Gesellschaft, die auf mich nicht mehr so glücklich wirkt wie noch vor ein paar Jahrzehnten. Ich hoffe, dass es da in den nächsten Jahren eine gewisse Rückbesinnung auf frühere Tugenden und Erfahrungen gibt. Wer möchte, kann da vielleicht heute schon etwas für sich und seine Umwelt tun. Ich würde mich freuen.

Mein Tipp:. Egal, ob bei Menschen, Firmen, Werbungen oder dem Internet – schauen Sie sich ruhig die präsentierten „Fassaden" genauer an. Vertrauen Sie Ihrer Intuition: Wenn die Werbeversprechen zu schön sind, um wahr zu sein, handelt es sich wahrscheinlich um Blender oder Trickbetrüger.
Wer Sie von Ihren Interessen ablenken will oder Ihnen was vorzugaukeln scheint, hat meist etwas zu verbergen. Wer Sie dann noch drängt, sogar ganz bestimmt. Dann ist Vorsicht angeraten. Wer es dagegen ernst mit Ihnen meint, hat auch Zeit und wird Sie nie drängen.

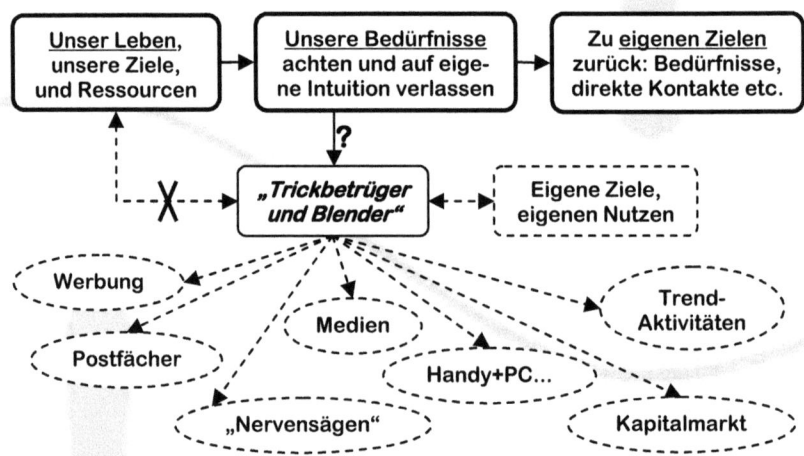

Abbildung 15: *„Trickbetrüger und Blender"* erkennen, um wieder eigene Zeile zu verfolgen.

Platz für Ihre Schlüsse:_____
_____...

15. Nein machen!

*Die Menschen sind doch alle so geartet,
dass sie lieber eine Lüge als eine Absage hören wollen.*

Cicero, 106-43 v. Chr., römischer Schriftsteller und Politiker

Ein „Nein" hat meist mit Grenzen setzen zu tun und kann daher ein guter Schutz vor Überlastung sein. Das klingt einfach, aber genügt ein reines Nein sagen immer? Mir ist oft aufgefallen, dass das Nein sagen alleine nicht immer reicht und auch sonst so seine Tücken haben kann. Vielleicht kennen Sie das ja auch. Wie wir nun aber mit dem Nein sagen anders umgehen können, darum geht's in diesem Kapitel. Da habe ich eine Reihe von wirkungsvollen Tricks für Sie, damit Sie Ihr „Nein" behaupten können, wann immer Sie das brauchen.

Aber bleiben wir zunächst beim gesagten „Nein". Viele halten es getreu der Bibel *„Euer Ja sei ein Ja und euer Nein ein Nein"* (Matthäus, Kapitel 5). Gut, wenn das „Nein" dann auch klappt. Daran ist überhaupt nichts auszusetzen. Aber manchmal ist es gar nicht so leicht, „Nein" überhaupt zu sagen und noch schwerer dies durchzuhalten. Ein „Nein" wird manchmal gar nicht gern gehört und in einigen asiatischen Kulturen ist ein „Nein" sogar verpönt. Woran liegt das und wie können wir damit umgehen?

Es gibt viele Menschen, die einfach kein beharrliches „Nein" über die Lippen bringen, auch wenn sie es noch so sehr versuchen. Die Entscheidung, ein „Nein" zu akzeptieren, liegt schließlich oft nicht bei uns. Achten Sie mal auf Antworten oder Reaktionen bei Menschen, die kein „Nein" akzeptieren. Sie sagen zum Beispiel bei einem solchen Menschen freundlich *„Nein",* aber der zeigt mit seinem ganzen Verhalten, dass er erwartet, dass Sie doch klein beigeben. Das kann recht unangenehm für viele von uns werden. Manche haben sich daher angewöhnt, den Weg eines geringen Widerstandes zu gehen und dann doch wieder brav „Ja" zu machen. So entsteht ein Teufelskreislauf, den es zu durchbrechen gilt. Besonders für jene Menschen habe ich dieses Kapitel geschrieben.

> Es geht nicht ums Nein sagen,
> wir müssen „*Nein machen*".

Die Entscheidung, sich zu verweigern, braucht Mut, nämlich Mut zur Veränderung. Eventuell werden wir Menschen enttäuschen und damit leben müssen. Zuweilen werden wir unsicher sein, ob wir die richtige Entscheidung getroffen haben und können eventuelle Folgen nicht genau abschätzen. Das macht uns das Leben nicht leichter. Das Schwierigste ist also erst einmal herauszufinden, wann ein „*Nein machen*" wirklich für uns nötig ist.

Eine Verweigerung ist meiner Ansicht nach vor allem als Selbstschutz zu verstehen und daher sollten wir diese nicht mit Egoismus oder Faulheit verwechseln. Es geht hierbei nicht um ein lapidares Abblocken, wenn wir mal keine Lust zu irgendetwas haben. Das Kapitel habe ich nicht für Faulenzer geschrieben. Es geht um den schlichten Erhalt unserer *Selbstbestimmung*. Vielleicht kennen Sie das Gefühl, durch zuviel Arbeit und Druck die Handlungsfähigkeit zu verlieren. Bingo! Hier gilt es die Notbremse zu ziehen.

> Wir üben jetzt mal den kleinen Palastaufstand.

Und wie setzen wir das „Nein machen" praktisch um? Ich hätte da ein paar Vorschläge. Zunächst <u>Plan A</u>: Sie sagen einfach „Ja", machen dann aber nichts. Manch einer sagt auch „*Ja-ja*" – das ist im Grunde auch wieder nur ein Nein. Daran können wir uns auch orientieren. Das kennen Sie sicher schon von anderen Personen, wo wir zunächst hoffen, die helfen uns und dann lassen die uns wieder einmal im Stich. Klappt also bestens – Sie müssen die Dinge also einfach nur liegen lassen können. Kleine Hilfsvorstellung: Stellen Sie sich vor, Sie sind ein Strauss und Ihr Kopf steckt im schönsten weißen Sand – das Leben ist schön...

Diese erste Variante liegt vielen nicht so gut und daher habe ich immer noch <u>Plan B</u>. Das geht wie *"Aikido"*, eine defensive Kampfsportart, bei der wir den Gegner mit seiner eigenen Kraft abwehren. Dabei

machen wir das Thema zum Problem des Anderen.

Da kommt das Problem ja auch her. Ich sage da zum Beispiel zunächst auch *"Ja"*, dann kommt sogleich mein Gegenangriff: *"Aber"*. Das sind dann ein paar Sachen, die mich am Ausführen der Aufgabe hindern oder die der Andere für mich erst aus dem Weg schaffen müsste. Als Beispiel: *"Ja, mache ich gerne, <u>aber</u> überlege Dir erst mal, was Du eigentlich willst und schreib es mir genau auf."*
Ich erkläre mich dann auch nicht weiter, sondern bleibe still. Dadurch zeige ich keine weitere Angriffsfläche und warte auf den nächsten Schritt meines Gegenübers. Das kann ich solange machen, bis der andere müde ist, oder ich wieder Zeit und Kraft habe... Jemand hat einmal gesagt: *"Was vor dem ABER steht ist nur Höflichkeit, dahinter steckt die Wahrheit"*. Das können wir doch ruhig so nutzen, oder? Vielleicht probieren Sie das mal bei nächster Gelegenheit aus. Falls Sie jetzt denken: *"Ja, aber..."*, dann sind Sie schon auf dem richtigen Weg...

Das „Ja" oder andere bejahende Varianten haben noch einen gewaltigen Vorteil – ein „Ja" klingt einfach besser als ein „Nein". Auch vergessen viele Menschen ein „Nein" auch dann nicht, wenn man hinterher doch noch alles brav erledigt hatte. Da verlieren Sie dann doppelt. Deshalb ist es auch in vielen asiatischen Kulturen gut akzeptiert, zunächst mit „Ja" zu beginnen. Ein nettes Kuriosum konnte ich in Japan erleben, als ich fragte, ob ein Geschäftspartner im Büro sei. Die Antwort der Sekretärin lautete sinngemäß: *„Ja, aber er ist gerade im Urlaub..."*

Manche mögen die Eröffnung einer Absage mit einem „Ja" trotzdem nicht, denken das verwirrt oder wollen von Anfang an Klarheit. Wenn Sie versuchen wollen, sich mit einem klaren „Nein" treu zu bleiben, dann können Sie das vielleicht auch mit folgendem Grundsatz eines Freundes tun, bei dem Sie die Lacher sicher auf Ihrer Seite haben:

„NEIN" ist doch ein vollständiger Satz!

Lächeln nicht vergessen und beharrlich bleiben. Zählen Sie einfach von Ihrem Geburtstag aufwärts bis Einhundert. Das sollte reichen, um dem Gegenüber zu zeigen, dass Sie es ernst meinen.

Eine ähnliche Variante a la Whoopie Goldberg möchte ich Ihnen zum Schluss vorstellen: Die Schauspielerin mimte in „Jumpin´ Jack Flash" eine überarbeitete Büroangestellte und als es ihr zuviel wurde sagte sie einfach mal *„Nö! Soll ich´s buchstabieren? „ En – Öh !"* – Mit Humor entkrampfen. Herrlich!

In welcher der verschiedenen Konstellationen Ihnen das „Nein" machen leichter fällt, können Sie ja mal austesten – lächeln nicht vergessen. Achten Sie auf sich und bleiben Sie sich treu!

Mein Tipp: Nutzen Sie das „Nein machen" vor allem als Notbremse, um sich vor Überlastung zu schützen. Sie werden ein Gefühl dafür bekommen, wann Sie das brauchen. Denken Sie bei den einzelnen Methoden an den Strauss, Aikido, an Whoopie Goldberg, reden Sie wenig oder was Ihnen sonst noch so hilft. Zählen Sie vielleicht bis Einhundert, und keinesfalls das Lächeln vergessen!

Glutstaufe

Ihre Umwelt und Sie werden auch mit der Zeit lernen, mit diesem neuen Schutzmechanismus umzugehen. Haben Sie daher Geduld und bleiben Sie beharrlich.

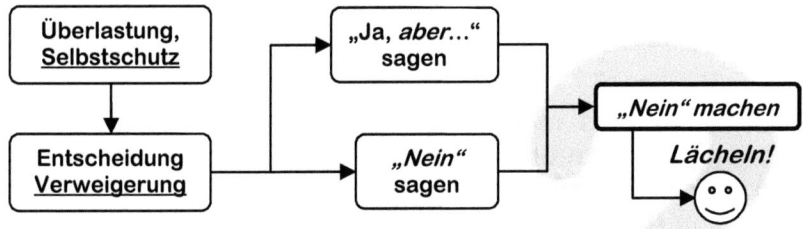

Abbildung 16: Nein sagen und „*Nein machen*" als Schutz vor Überlastung.

Platz für Ihr Nö:_____
_____ ...

16. Entscheidungen mit Augenmaß

Wer will, der kann – wer nicht will, der muss.

Seneca, 4 v. Chr. – 65 n. Chr., Erzieher Neros

Wir müssen uns immer wieder aufs Neue entscheiden. Dabei geht es um unsere zukünftigen Handlungen, die im Kleinen oder Großen unser Leben beeinflussen können. Gerade in Krisen fällt es aber vielen schwer, sich zu entscheiden. Dabei muss das gar nicht so sein. Wir sollten uns nur über ein paar Dinge im Klaren sein und die einen oder anderen Hilfestellungen nutzen.

Lassen Sie mich wieder mit ein paar Fragen beginnen: Sind Sie ein guter oder ein schlechter Entscheider? Entscheiden Sie sich eher schnell oder langsam? Bei den entsprechenden Antworten geht es zwar um unsere Treffsicherheit oder Geschwindigkeit der Entscheidungen. Die Antworten zeigen aber vor allem, wie wir mit unseren Entscheidungen zufrieden sind. Es macht meiner Auffassung nach wenig Sinn, stets ein für alle Seiten perfektes Resultat zu suchen oder gar zu erwarten. Zufrieden zu sein genügt meist schon.

Bei dieser Zufriedenheit geht es nur um unseren Eindruck, wie wir getroffene Entscheidungen bewerten. Das kann und soll gewiss kein anderer für uns tun. Wichtig ist, dass wir das nicht abgeben.

Entscheidungen zu treffen, ist ein Privileg.

Dieses Privileg macht uns zu Individuen und lässt uns täglich sehr unterschiedlich entscheiden. Das sollten wir uns immer wieder bewusst machen. Auch wenn wir morgen eine Entscheidung anders treffen könnten, heute war sie meist gut. Auch das sollte uns genügen.

Dennoch gibt es allerhand Entscheidungskriterien, die uns das Leben leichter und Entscheidungen bewusster machen können. Hierzu würde ich Ihnen gerne ein paar Vorschläge machen, die Sie für sich überprüfen können:

- Zunächst sollte geklärt werden, <u>wo wir Entscheidungen treffen.</u> Manche meinen im Kopf, andere sagen im Bauch oder Herzen. Wenn das so ist, dann arbeitet aber oft der eine gegen den anderen, oder? Um die beiden Organe in Einklang zu bringen, sollten wir erst einmal klären, wer da die Leitung übernehmen sollte. Dann ist es einfacher. Mein Vorschlag: Bei realen und rationalen Dingen die Entscheidung in den Kopf verlagern und bei Empfindungen in den Bauch bzw. das Herz. Große Ausgaben zum Beispiel sollte sich jeder gut durch den Kopf gehen lassen, während die Liebe eher eine Herzensangelegenheit bleibt. Noch ein Tipp: Nie mit der Leber entscheiden!

- Wie können wir am besten <u>Prioritäten setzen</u>? Jeder hat da so seine Wege gefunden und ist mehr oder weniger zufrieden damit. Meist weiß sich jeder ganz gut zu entscheiden. Problematisch wird es nur, wenn es zu Zielkonflikten kommt. Dann ist es meines Erachtens wichtig sich klar zu machen, dass wir in jedem Moment nur eine Sache wirklich gut machen können und uns nicht ständig ablenken lassen sollten. Hier plädiere ich eindeutig für's Monotasking und das möglichst in Zeitlupe. Das geht oft besser als Düsenjäger-Multitasking. Versuchen Sie einmal unter Druck ein Kartenhaus aufzubauen und probieren Sie die beiden Varianten aus. Mit *langsam* kommen Sie meist schneller ans Ziel. Alles Übereilte kann schnell an die Substanz gehen und das Ergebnis leidet meist auch (Siehe auch das Kapitel *„Das Ding mit der Aufmerksamkeit"*).

- Ein weiterer Punkt: Müssen wir denn alles <u>zum Abschluss bringen</u>? Meine zweideutige Antwort: Möglichst schon, aber nicht unbedingt. Egal, was wir gerade machen oder wofür wir uns gerade entschieden haben: Es wird immer noch Wichtigeres geben. Im Klartext: *"Bringen Sie jede Sache zu Ende, es sei denn, etwas Wichtigeres kommt noch herein".* Ein Beispiel: Sie sitzen an einer komplizierten Mail und das Telefon klingelt oder jemand kommt ins Büro. Ist das Gespräch unwichtig (quasselnde Kollegen, unbekannte Nummer, Tennisverabredung...), dann müssen die Gesprächspartner eben warten, bis Sie fertig sind oder unterbrechen können. Ist es dagegen wirklich wichtig (Chef, wichtiger Kunde, Partner...), dann nehmen Sie sich die Zeit – und „speichern" nicht vergessen... Im Gespräch mag es dann auch immer wieder mal Wichtigeres geben, wie zum Beispiel einen Feueralarm oder einen Menschen in Not etc. Konzentrieren Sie sich stets nur auf das Wichtigste – der Rest wird Sie eh wieder einholen. Versprochen!

- Weiterhin ist <u>Klarheit bei den getroffenen Entscheidungen</u> sehr bedeutend. Bisweilen haben wir diese früh erlangt, aber wir sollten uns immer genug Zeit lassen und gerade wichtige Dinge nie unter Zeitdruck entscheiden. Meiner Erfahrung nach genügt es oft, sich zunächst die Frage klar zu machen und die Antwort danach wachsen zu lassen. Überlegen, beraten, abwägen, nach Fakten suchen oder darüber schlafen, um die Dinge zu verdauen ist oft sinnvoll. Abwarten ist oftmals auch keine schlechte Idee, insbesondere wenn noch keine zufriedenstellende Lösung in Sicht ist. Notfalls können wir auch sagen: *„Das weiß ich noch nicht. Darüber muss ich noch einmal nachdenken."* Jedes Ergebnis wird meist mit der Zeit besser und die Gefahr, sich von voreiligen Lösungen verleiten zu lassen, geringer. Wenn etwas gut oder richtig ist, dann wird es warten können. Noch ein dringender Rat: Große Entscheidungen sollten möglichst nie in einer Krise getroffen werden. Da übersieht jeder Mensch oft Wichtiges oder handelt doch wieder vorschnell.

- Wie gehen wir die Dinge an, wenn es zuviel wird? Ich glaube, das Schlimmste, was vor einem liegt, sollte am besten zuerst weg. Damit wird der Kopf frei. Danach ist eine Belohnung fällig, also etwas Angenehmes. Und das immer abwechselnd – dann halten wir auch schwere Arbeitsphasen gut durch. Die Belohnung zwischendurch ist sehr wichtig und kann alles sein, worauf Sie sich freuen; ein Kaffee, ein Schwätzchen, ein Spaziergang an der frischen Luft etc. Noch ein Tipp: Fangen Sie nichts an, was Sie nicht glauben beenden zu können. Ein Zuviel an Hektik ist meist selbst gemacht und wenn Sie zu viele Baustellen haben, wird es Ihnen sicher öfter mal zu viel. Da haben Sie dann auch Ihren Anteil daran.

- Was aber, wenn wir uns wirklich, wirklich nicht entscheiden können? Dann ist es vielleicht Zeit, neue Wege auszuprobieren. Tun Sie doch etwas, was Sie lange nicht mehr getan haben oder noch nicht kennen. Alternativen auszuprobieren bedeutet zumindest, Ihre Palette an Erfahrungen zu erweitern. Das ist oft besser als bekannte Wege zu gehen und bringt neue Erkenntnisse. Auch wenn es manchmal egal ist, was wir tun – wie wir es tun, macht bisweilen einen Unterschied. Was auch immer Sie tun, machen Sie es stets sehr bewusst. Oder wie meine Mutter das einmal ausdrückte: *„Du kannst alles tun, aber bitte mit Stil!"*

- Entmutigend kann es sein, wenn es an Motivation fehlt. Dabei ist es doch wie sonst auch: Wenn wir etwas für notwendig erachten, werden wir es auch tun. Falls dem nicht so ist, können wir ruhig noch etwas Geduld haben, bis die Entscheidung gereift ist (siehe „Klarheit bei den getroffenen Entscheidungen"). Trägheit überwinden wir dagegen am besten, indem wir einfach mal mit etwas Leichtem anfangen. Losgehen reicht, der Rest ergibt sich meist von selbst. Manchmal hilft es ungemein, sich vorzustellen, wir wären schon am Ziel. Wie wird sich das anfühlen? Oft fühlt es sich besser an, wenn wir etwas wenigstens versucht, also gehandelt haben. Das macht glücklicher als unverrichteter Dinge am Anfang zu verharren. An dieser Stelle möchte ich auch einen Azubi zitieren: *„Chillen geht am besten nach der Arbeit.".* (Für die älteren Semester: „Chillen" ist Neudeutsch für entspannen...)

- Und zuletzt: <u>Lernen Sie aus Ihren Fehlern!</u> Etwas falsch zu machen, ist meist nicht so schlimm, aber nicht daraus zu lernen schon. Immer die gleichen Fehler zu machen, kann sehr schmerzlich und vor allem unbefriedigend sein. Ein chinesisches Sprichwort drückt das sehr passend aus: *„Betrügst Du mich einmal – Schande über Dich. Lasse ich mich ein zweites Mal betrügen – Schande über mich!"* Lernen Sie daraus und machen Sie es beim nächsten Mal einfach besser.

Diese Kriterien mögen uns helfen, Entscheidungen leichter zu treffen. Die Folgen werden wir oftmals trotzdem nicht alle absehen können. Was wirklich wichtig war, wird man vielleicht erst in 100 Jahren wissen. Das erleben wir eh´ nicht mehr und damit komme ich wieder zu meiner Anfangstheorie: Mit unseren Entscheidungen zufrieden zu sein genügt. Das ist sicher bedeutsamer, als stets nach besten Lösungen zu suchen. Daher könnten wir uns

bei Entscheidungen auch vom Ergebnis freimachen.

Eine absolut richtige Entscheidung wird es meiner Ansicht nicht geben. Blaise Pascal, ein französischer Philosoph aus dem 17.Jhd, hat dazu gesagt*: „Weißt Du, wie Du Gott zum Lachen bringen kannst? Erzähl ihm Deine Pläne!"* Vielleicht weiß unser Schöpfer mehr um die Richtigkeit unserer Entscheidungen bzw. Pläne...

Hierzu möchte ich Ihnen am Ende des Kapitels noch kurz die Geschichte vom kleinen Jungen und dem Zen-Meister erzählen. Der kleine Junge bekam ein Pferd geschenkt und alle meinten: *„Was für ein Glück!"* Der Zen-Meister sagte nur: *"Man wird sehen."* Dann fiel der Junge vom Pferd und brach sich ganz arg das Bein. Der Junge hinkte von nun an und alle meinten: *„Was für ein Unglück!"* Der Zen-Meister sagte aber: *"Man wird sehen."* Dann aber kam ein Krieg und alle wurden eingezogen, nur der Junge nicht. Nun meinten alle: *„Was für ein Glück!"* Nur der Zen-Meister sagte wieder: *"Man wird sehen..."* Ich bin kein Zen-Meister, sage aber auch gerne: *"Man wird sehen..."*

Mein Tipp: Wie gesagt: Entscheidungen zu treffen, ist und bleibt unser Privileg – das obliegt jedem für sich. Pfuschen Sie daher niemandem in seine Sachen rein und lassen Sie sich natürlich auch nicht in Ihre Obliegenheiten reinreden. Sich und anderen nicht die Tour zu verderben, ist wichtig für unser *aller* Wohlbefinden.

Mit etwas Zurückhaltung erreichen wir meiner Erfahrung nach oft auch viel mehr. Andere werden uns schon um unseren Rat bitten, wenn sie merken, dass sie diesen brauchen. Dann wird unserer Meinung in der Regel auch viel mehr Beachtung geschenkt. Ein schönes chinesisches Sprichwort sagt hierzu: *„Der Meister erscheint, sobald der Schüler bereit ist."*

Manchmal müssen wir ein wenig Geduld haben oder uns auch mal auf die Lippen beißen, bis wir unseren Rat loswerden können. Damit haben wir und unsere Umwelt aber ein ruhigeres Leben. Wie heißt es so noch: *„Probleme lösen, ohne neue zu schaffen..."*

Glutstaufe

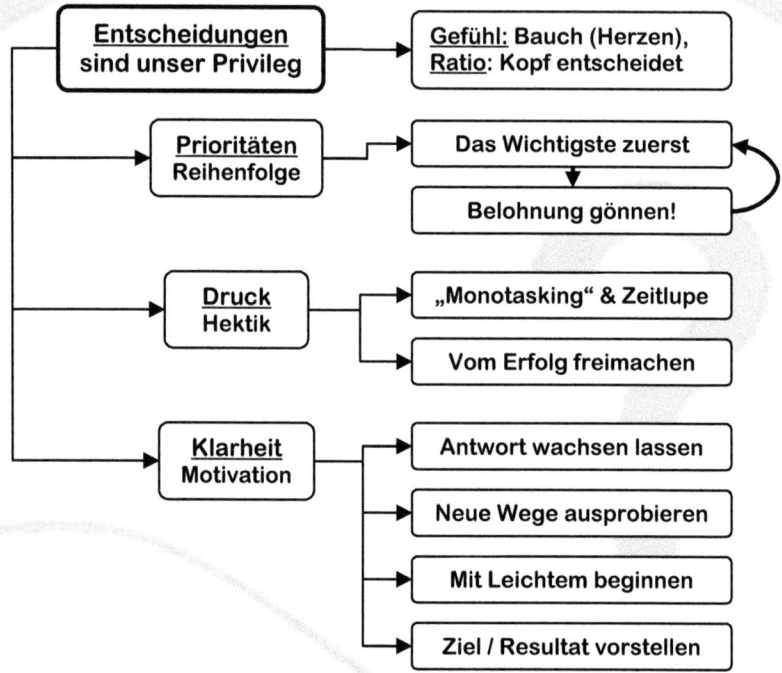

Abbildung 17: Entscheidungen leichter machen.

Platz für Ihre Entscheidungen:_____
_____...

17. Affekte und Aggressionen

Schimpfe so, dass Du schnell wieder Freund werden kannst.

Periander, 627-585 v. Chr., weiser Herrscher in Korinth

Wenn unser Temperament mal mit uns durchgeht, kann es schon einmal zu heftigen Gefühlsausbrüchen kommen. Da gibt es einerseits Affekte und andererseits Aggressionen. Beides sind Emotionen, also „Gemütsregungen", die auch mit körperlichen Handlungen verbunden sein können. Bei Affekten bleiben wir jedoch eher bei uns, wogegen Aggressionen auch mit der Absicht verbunden sind, jemandem zu schaden. Aber wollen wir das?

Besonders Affekte können Teil der Symptomatik bei psychisch Erkrankten sein (die haben es natürlich klasse, da sie alles hierauf schieben könnten). Die hat aber auch sonst jeder einmal. Wie wir mit unseren Gefühlsausbrüchen umgehen können, damit es uns insgesamt besser geht, möchte ich Ihnen in diesem Kapitel vorschlagen.

Wann waren Sie das letzte Mal stinksauer und haben so richtig Ihre Wut rausgelassen? Hat es etwas gebracht? Und wie sehen Sie das heute? Ich vermute, ab und zu war es ganz OK, meist sind Sie aber nicht so stolz darauf.

Müssen wir uns nun alle liebhaben? Ich denke nicht: Schauen wir uns doch einmal die Kinder an. Die spielen brav miteinander und plötzlich geht's los. Streiten pur, manchmal sogar kloppen, und das Ende: *„Ich lade Dich nie wieder zu meinem Geburtstag ein."* Und wie sieht's im Straßenverkehr aus? Ganz ähnlich: Erst wird gepöbelt und dann sind alle sauer. Und wollen Sie solche Pappnasen auf Ihrer Geburtstagsfeier haben? Ich denke,

wenn wir streiten, tun wir das wie Kinder.

Glutstaufe

Bei Aggressionen ist es manchmal noch viel schlimmer. Wir merken das oft daran, dass wir einfach nicht mehr herunterkommen und auch nicht davor zurückschrecken anderen zu schaden. Wehe, wir haben uns einmal mit einem Nachbarn angelegt. Das geht zuweilen so weit, bis einer schließlich auszieht. Doch wie machen das die Kinder? Beim nächsten Geburtstag sind die bereits wieder friedlich zusammen. Wie schaffen die Kids das? Da könnte man doch sauer werden, neidisch allemal...

Bevor wir das verstehen, sollten wir vielleicht erst einmal kurz ergründen, woher diese Gefühle eigentlich kommen.

Ich vermute, dass wir bisweilen so was wie einen Einbruch in unsere Intimzone empfinden

und unser „Steinzeithirn" wieder auf dem Vormarsch ist. Da kommt uns einer oder etwas viel zu nahe. Es ist wie ein Angriff – dabei ist egal, ob das körperlich, räumlich, mit Worten oder Gesten passiert. Das Empfinden ist meist gleich: Schreck, Überraschung und folglich Abwehr, also Affekte, Wutausbrüche oder sogar Übergriffe.

Je plötzlicher und unerwarteter das Ereignis ist, desto schlimmer und heftiger fällt meist unsere Reaktion aus. Das widerfährt uns beispielsweise recht oft im hektischen Straßenverkehr. Was ist nun, wenn der „beknackte" Motorradfahrer aber unser Chef oder Nachbar ist...?

Und wenn wir später zurückblicken? Die Affekte fanden wir vielleicht noch ganz befreiend: Stampfen, Brüllen, Fluchen etc. sind wahrscheinlich noch OK. Nur bei darüber hinausgehenden Aggressionen bzw. Übergriffen hätten wir uns den Ausgang, mit etwas Abstand gesehen, oft anders gewünscht. Das hat zuweilen nachhaltige Folgen, manchmal sogar rechtliche. Das ist uns dann oft eher unangenehm, aber leider kaum noch zurückzunehmen. Was können wir da *nächstes* Mal anders machen?

Da können wir noch von den Kindern lernen.

Also: Affekte ja (Stampfen, Brüllen, Fluchen), aber wenn es vorbei ist, ist es vorbei! Dann können wir wieder erwachsen sein. Was andere darüber denken, ist erst mal egal. Da müssen die Beteiligten auch selbst mit klarkommen – sie hatten schließlich auch ihren Anteil an der Situation. Beknackter Motorradfahrer bleibt schließlich beknackter Motorradfahrer. Der kann ja auch an seinem Verhalten arbeiten – egal ob Chef oder Nachbar...

Wir sollten wahrscheinlich auch Personen von ihrem tadelnswerten Verhalten trennen. Was einer macht, ist doch nicht, was er ist. Nette Menschen machen auch mal etwas Dummes und umgekehrt. Das gilt sicher irgendwie auch für uns. Und deshalb dürfen wir uns natürlich auch einmal gewisse Affekte erlauben. Das ist auch nur unser momentanes Verhalten auf Situationen und nicht unsere ganze Person. Aber dann wieder runter kommen, ja?

Oft können wir bei Affekten auch noch angemessen einlenken und unsere Sichtweise klar machen: *„Sorry, aber das war mir jetzt einfach zu viel. Das hat mich einfach sauer gemacht!"* Das versteht nahezu jeder, besonders wenn klar wird, dass wir wieder vernünftig werden und hinterher lächeln können. Auf der Strasse grüßen wir unseren Nachbarn oder Chef also doch wieder freundlich und sagen vielleicht: *„Beim nächsten Mal machen wir das aber beide besser, oder?"* Dann laden wir ihn vielleicht auch mal zu unserem Geburtstag ein und es gibt etwas, worüber wir beide lachen können.

Was machen wir nun aber mit einem Menschen, der uns mit seinen Affekten oder Aggressionen auf den Fuß tritt und partout nicht auf die Idee kommt, sich zu entschuldigen? Wir wissen doch jetzt: *Das ist nur ein wütendes Kind.* Vielleicht sollten wir alles lockerer sehen und machen, wozu uns gerade ist. Mal können wir ihn dumm stehen lassen – falls wir gerade keine Lust zum „Spielen" haben. Mal können wir mitspielen und zurück blaffen – sofern wir das einfach mal brauchen oder die Pappnase das wirklich verdient hat. Oder auch einmal die Hand reichen – wenn uns gerade nach Freundlichkeit ist. Es ist stets unsere Entscheidung, wie wir mit solchen Situationen umgehen.

Übrigens Lächeln ist auch ein Affekt und eine wunderbare Möglichkeit dem Gegner die Zähne zu zeigen. Unser Lächeln können wir nämlich auch noch variieren: Zeigen wir mehr den Oberkiefer, wird das als „freundlich" empfunden, zeigen wir dagegen auch den Unterkiefer, gilt das eher als „provokant". Das wurde bereits vielfach an Schimpansen beobachtet. Auch wenn das nur Eingeweihte wissen, es klappt auch bei Menschen. Vielleicht gehen Sie jetzt mit anderen Augen in den nächsten Zoo oder das nächste Meeting...

Mein Tipp: Beim Wahren unserer Intimzonen bzw. dem Einhalten eines gebührenden Abstandes nehmen es manche Menschen leider nicht so genau. Da muss ich öfter an den Film „Dirty Dancing" denken, wo sich die Protagonisten zunächst öfter mal auf die Füße traten und dadurch aneinander gerieten. Da hieß es dann so schön: *„Das ist mein Tanzabstand, und das ist Dein Tanzabstand."*
Wir können daher auch von uns aus für einen geeigneten Tanzabstand sorgen – nicht zu nah und nicht zu fern, egal ob mit Worten, Gesten oder körperlichem Abstand. Dann können wir wunderbar mit anderen „tanzen" und niemand tritt dem anderen so schnell auf die Füße.

Glutstaufe

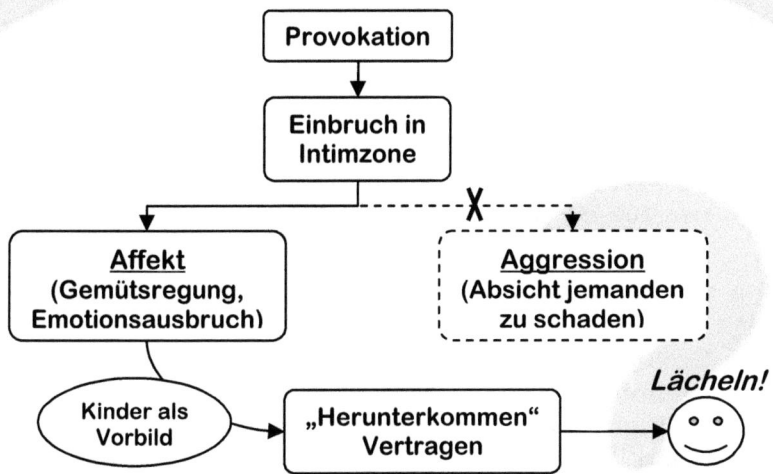

Abbildung 18: Umgang mit Affekten und Aggressionen.

Platz für Ihre Gefühlsausbrüche:_____
_____...

18. Grübeleien und Gedanken loslassen

Irren ist menschlich,
im Irrtum verharren närrisch.

Cicero, 106-43 v. Chr., Staranwalt und Thronanwärter im alten Rom

Wenn wir zur Ruhe kommen, können manche Gedanken Kreise ziehen, die uns nicht mehr loslassen. Dabei sind einige Gedanken erst so klein wie Milben, aber die finden ja auch immer was zu fressen und vermehren sich dann wie nix. Mit unseren Gedanken kann es ähnlich sein: Manche werden immer mehr und wir verfallen zunehmend in bedrückendes Grübeln. Wie schlimm ist das eigentlich und was können wir dagegen tun?

Ob Gedanken oder Milben – sie sind alle im Grunde nicht schädlich. Sie versuchen doch nur ständig unseren Müll wegzuräumen. Je mehr Mist wir allerdings im Leben anhäufen, desto schlimmer wird's. Bisweilen scheinen wir da gar nicht mehr herauszukommen. Hier kann es ratsam sein, auszumisten. Das heißt angehäufte Themen abzuarbeiten oder alte Gedanken über Bord zu werfen.

Es ist oft notwendig, das Denken zu durchbrechen und wieder zum Handeln überzugehen.

Außerdem sollten wir nur noch soviel Neues aufnehmen, wie wir verarbeiten können. Entsprechende Tipps hierzu erhielten Sie zum Beispiel in den Kapiteln *„Unterschied: Denken und Handeln"*, *„Entscheidungen mit Augenmaß"* sowie *„Nein machen!"*

Andererseits müssen wir auch lernen, mit den verbleibenden Gedanken umzugehen oder bei Störungen bewusst abzuschalten. Gerade in ruhigen Momenten tritt vieles in den Vordergrund, was wir sonst gar nicht wahrgenommen haben. Was könnten wir da tun?

Solange wir die Gedanken als positiv empfinden, brauchen wir eigentlich gar nichts zu machen. Träumen kann man doch sehr genießen, oder? Wenn sich aber bestimmte Gedanken mehrfach wiederholen, dann verfallen wir ins Grübeln und sollten sehr wachsam sein. Solche Gedankenschleifen können sehr destruktiv sein und sollten nicht nur meiner Ansicht nach frühzeitig durchbrochen werden. Sonst schleift sich dieses Verhalten ein und es wird immer schwerer, da herauszukommen.

Aus der Verhaltenstherapie gibt es nun verschiedene Methoden von Gedankenstopps, die alle mehr oder weniger auf dem Prinzip beruhen, sich abzulenken und auf etwas anderes zu konzentrieren. Das erschwert die Grübeleien und wir gewinnen Abstand. Dann können wir

die Gedanken beruhigt loslassen

und uns wieder auf unser Leben konzentrieren. Denn jede Grübelei geht ja irgendwann vorbei. Sie kennen sicher das Gefühl am nächsten Morgen, wo die Gedanken gar nicht mehr wichtig sind – da wollen wir hin, und zwar schnell.

Hier nun ein paar Vorschläge, wie Sie Grübeleien durchbrechen oder Gedanken loslassen können. Ich hoffe, es ist etwas dabei für Sie.

- <u>Werden Sie aktiv</u>: Wenn Sie etwas konzentriert tun, können Sie kaum grübeln. Ob Sport, Basteln oder Kochen – Handeln macht glücklicher als bloßes Denken und vertreibt unnötige Sorgen.
- <u>Gehen Sie unter Menschen</u>. Beim Kontakt mit Menschen, insbesondere in netten Gesprächen, werden Sie kaum an etwas anderes denken. Und Sie werden sehen, andere Menschen haben auch Probleme...

- Lenken Sie Ihr <u>Augenmerk auf Tiere und Pflanzen</u>, auch wenn Sie diese vielleicht nur beobachten können. Das beeinflusst Ihre Aufmerksamkeit durchaus positiv, lässt Sie die Schönheiten der Natur erkennen und auf andere Gedanken kommen.

- Auch ohne Natur, richten Sie Ihre <u>Aufmerksamkeit auf Ihre Umwelt und Umgebung</u>. Nehmen Sie diese ganzheitlich wahr. Machen Sie einmal die Augen zu, achten Sie auf Geräusche, zählen Sie Stimmen oder versuchen Sie Menschen am Klang ihrer Schritte zu erkennen.

- Schreiben Sie Ihre ärgerlichen <u>Gedanken auf einen Zettel oder Stein</u>, spüren Sie noch einmal da hinein und dann weg damit! Sehen Sie hinterher, damit Sie auch sicher sind, dass sie weg sind. Erinnern Sie sich an diesen Augenblick, wenn die lästigen Gedanken wieder hoch kommen wollen. Dieses Bild kann eine starke Hilfsvorstellung sein.

- Ihre <u>Gedanken können Sie auch in Ihrer Vorstellung wegsperren</u> oder auf Wolken wegschweben lassen. Sie lernen so, die nervigen Gedanken als unwichtig zu empfinden und sie *„loszulassen"*. Das ist zum Beispiel Teil des Autogenen Trainings oder von Imaginationstechniken. Das können Sie am besten in Gruppen erlernen und haben gleich wieder Kontakte.

- Als Ablenkung: <u>Spüren Sie in sich hinein</u> und nehmen Sie jedes Körperteil einzeln wahr. Wie Sie gerade sitzen, stehen oder liegen. Das können Sie auch mit der Progressiven Muskelentspannung nach Jacobsen verbinden. Am besten lernen Sie das auch wieder in Gruppen.

- Wenn Sie mitten im Grübelprozess sind, dann unterbrechen Sie diesen doch am nächsten *positiven* Ansatz, <u>malen Sie ein imaginäres Bild</u> daraus und sehen Sie sich das Bild im Inneren immer wieder würdigend an. Machen

Sie sich vielleicht klar, wo Sie sich darin befinden und nehmen Sie die Entfernung zum Problem bewusst wahr.

- Gerade wenn Sie schlafen gehen, sollten Sie immer Stift und Papier am Bett haben, um sich das Nötigste aufzuschreiben. Wenn Sie etwas notiert haben, verabschieden Sie sich davon mit dem Satz: *„Darüber kann ich auch morgen noch nachdenken."* Allein für diesen Satz bin ich einem Freund überaus dankbar.

- Einige Konzentrationsübungen haben sich bewährt, um von nervigen Gedanken abzukommen. Zwei Beispiele: Überlegen Sie sich eine Zahl und verdoppeln oder multiplizieren Sie diese solange wie Sie können. Genauso können Sie mit einem Namen beginnen, deren Endbuchstabe Sie dann wieder für den nächsten Namen verwenden etc. Hier ist Ihrer Kreativität keine Grenze gesetzt. Wenn Sie nicht gerade schlafen wollen, geht das meiner Erfahrung nach mit geöffneten Augen deutlich besser – Sie werden zusätzlich von der Umwelt abgelenkt und sind schneller wieder im *„Hier und Jetzt"*.

- Klassische Gedankenstopps in Therapien funktionieren dagegen durch Aufbau einer Grübelblockade. Zunächst werden die Denkspiralen ganz beabsichtigt aufgebaut, dann zum Beispiel mittels eines lauten Signals vom Therapeuten unterbrochen und schließlich durch positive Alternativgedanken ersetzt. Durch Wiederholung und erneutes Aufschrecken beim Signal soll das vertieft werden. Vielen hilft diese Art des „Wachrüttelns". Ohne Therapeuten können wir uns kaum selbst erschrecken, aber Lächeln tut es meiner Ansicht nach genauso gut. Daher schadet es sicher nicht über uns selbst zu schmunzeln, wenn wir mal wieder ins Grübeln kommen. Und im Anschluss am besten gleich an etwas Angenehmes denken – einen netten Menschen, ein tolles Erlebnis oder einen schönen Augenblick…

Glutstaufe

Meine Vorschläge haben Sie hoffentlich auf andere Gedanken gebracht und vielleicht haben Sie etwas für sich herausgefunden. Lassen Sie sich inspirieren und basteln Sie sich Ihre eigene Grübelalternative zusammen. Seien Sie besonders hier wieder äußerst kreativ.

Zum Abschluss noch ein kluger Spruch, dessen Quelle ich leider nicht kenne, der es aber auf den **Punkt** bringt: *„Weine nicht um Dich, sondern um die Welt. Wenn Du unglücklich bist, dann tue etwas für einen anderen Menschen."* Da ist doch viel dran!

Recht oft habe ich erlebt, wie depressive Menschen aufblühen, sobald Sie anderen Menschen helfen können. Es hilft ihnen wie auch den Geholfenen. Das durchbricht auf beiden Seiten Grübeleien, Missmut und Depressionen. Dies gelingt wohl durch eine Mischung aus Ablenkung vom eigenen Leid, positivem Handeln und gegenseitiger **Aufmerksamkeit.**

> Einem anderen Menschen zu helfen, ist sicher die nobelste Art, seinen Grübeleien zu entgehen.

Mein Tipp: Machen Sie sich immer wieder klar, dass es sich bei Gedanken nicht um die Realität handelt. Es sind nur Fiktionen und diese Fiktionen können Sie steuern!
Also, suchen Sie sich statt schlimmer Gedanken was Schöneres für sich aus, an das Sie lieber denken möchten. Machen Sie Pläne, genießen Sie Erinnerungen oder schlafen Sie einfach noch mal darüber. Denn wie viele Mütter zu sagen pflegen: *„Morgen sieht die Welt schon wieder ganz anders aus..."*

Glutstaufe

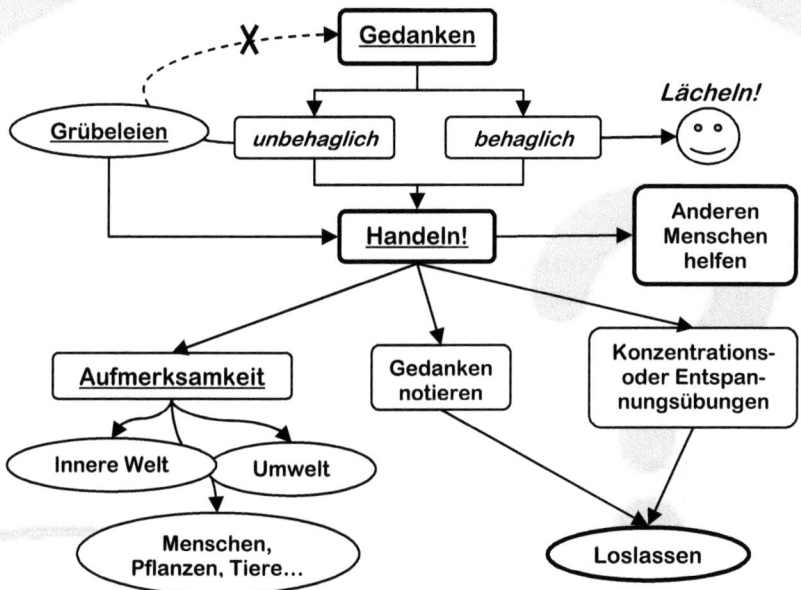

Abbildung 19: Gedanken nutzen und Gedankenspiralen durchbrechen.

Platz für Ihre Gedanken:_____
_____...

19. Gute Nacht statt Schlafprobleme

Die Quelle der Gemütsruhe liegt in uns selbst

Plutrach, 46-120 n. Chr., geduldiger römischer Schriftsteller

Viele von uns haben Schlafprobleme. Die meisten Menschen haben diese glücklicherweise nur vorübergehend, aber bei manchen haben sich diese verselbständigt und sind zum Dauerbrenner geworden. Einige können nicht ein- oder durchschlafen, andere wachen zu früh auf. Für die Betroffenen ist es eine Qual, zumal sie die schlaflosen Zeiten als sehr unangenehm erleben. Es gibt aber Wege,

wieder zu einem befriedigenden Schlaf zu finden.

Allerdings wird das vielleicht nicht unbedingt so sein, wie Sie sich das vorstellen. Es geht dabei um folgende Dinge: Einerseits um eine veränderte Wahrnehmung Ihres Schlafbedürfnisses und des nächtlichen Schlafes selbst. Andererseits geht es darum, eine gewisse Diät bei Ihren Bettzeiten zu halten. Also noch weniger Schlaf? Wir werden sehen. Zuerst sollten wir ein wenig

mit unserer Vorstellung vom Schlaf aufräumen.

Der Schlaf ist nämlich komplizierter, als die Topographie des Himalajas. Bibliotheken und Serverbatterien sind inzwischen gefüllt mit Informationen zum Thema Schlaf. Sie dürfen natürlich gerne Ihre schlaflosen Nächte mit Lesen darüber verbringen, aber lassen Sie uns vorher noch ein paar Punkte klären.

Wir wachen nachts auf – alle! Das passiert in den ersten 2-3 Stunden ca. zwei Mal, später noch einige weitere Male. Die meisten Menschen kriegen nichts davon mit und meinen, sie hätten einen guten Schlaf. „Schlechte Schläfer" machen sich jetzt einen Kopf, und schon arbeitet der wieder, statt zu ruhen. Das ist dann mit der Zeit so antrainiert, als würde ich Ihnen ständig sagen, Sie sollen jetzt *nicht* an einen rosa Elefanten denken – das klappt nicht! Praktiziere ich das ein paar Mal mit Ihnen, reichen schon kleinste Reize – Sie werden sehen.

Der Rosa Elefant.

Vor allen Dingen sind die ersten paar Stunden Schlaf mit ihren Tiefschlafphasen am wichtigsten. Danach gibt's abwechselnd Phasen des leichten bis mittleren Schlafes, die berühmten REM-Phasen (Traumschlaf, rosa natürlich) und wieder Wachphasen. Von denen brauchen wir weniger, als wir denken – der Rest ist quasi Bonus, rosa Bonus natürlich. Ich lasse das jetzt erst mal mit Rosa oder dem Elefanten, sonst können Sie mir vielleicht nicht mehr folgen. Wie Sie den rosa Elefanten aber wieder los werden, verrate ich Ihnen am rosaroten Schluss.

Versucht man den Schlaf irgendwie aufzuzeichnen, sieht der Verlauf der Höhe und Tiefe bei jedem von uns jede Nacht anders aus – daher mein Vergleich mit dem Gebirge. Der eine schafft den Weg darüber in 5-6 Stunden und der andere meint dafür die ganze Nacht bis 12 Uhr mittags zu brauchen. Dabei gibt es viele Langschläfer, die nicht glücklich damit sind. Mein Vorschlag: Entweder akzeptieren und genießen Sie das oder stehen einfach früher auf. Das macht keiner für Sie – Ausreden helfen nicht!

Interessant ist dann noch, dass für alle Schläfer die Tiefschlafphasen ungefähr gleich lang sind – egal ob jemand 5-6 Stunden oder über 10 Stunden schläft. Der Rest ist sozusagen mit Bonustracks aufgefüllt, von denen wir nicht alle brauchen. Ganz im Gegenteil. Je länger wir im Bett sind, desto mehr Trödel in Form von Wach-, Leichtschlaf- oder REM-Phasen durchlaufen wir – der Schlaf wird dabei nicht besser. Wir merken das oft zum Beispiel an sehr vielen Morgenträumen. Manch einer mag das ja auch genießen. Dem sollten wir dann aber auch bewusst nachgehen.

Unter 5-6 Stunden haben wir auf Dauer keinen gesunden Schlaf. Das können wir uns auch kaum antrainieren, denn wir ermüden dabei nur zusehends. Sie haben richtig gelesen *„wir ermüden"* und hier liegt auch einer der interessantesten Ansätze, die ich zum Thema Schlafverbesserung gehört habe.

Reduzieren wir zunächst die Bettliegezeiten

auf diese 5-6 Stunden, dann werden wir innerhalb weniger Tage wieder so müde, dass sich unser Schlafverhalten quasi wieder regeneriert. Sukzessive können die Bettliegezeiten in den nächsten Wochen wieder auf normale ca. 7-8 Stunden erhöht werden.

Je müder wir also sind, desto höher wird der Druck zu schlafen und der Körper holt sich zurück, was er braucht – ganz von alleine! Zuweilen reicht auch schon eine schlaf- und bettlose Nacht und wir schlafen die nächste Nacht wieder wie ein Baby. Auch Menschen, die mehrere Nächte kaum geschlafen haben, gleichen das in kurzer Zeit wieder aus. Das nennen manche auch Jugend und da kann ich mich nicht an Schlafprobleme erinnern.

Wenn wir das kurz noch einmal zusammenfassen: Viele denken nur, sie haben einen schlechten Schlaf und bringen sich genau dadurch um einen guten. Tatsächlich haben sie sich ein ungünstiges Schlafverhalten antrainiert, dass sich dann verselbständigt hat. Grübeleien kommen noch dazu, was Sie aber auch noch mal im vorhergehenden Kapitel für sich überprüfen können. Normalerweise schlafen wir genügend, sind aber zu lange im Bett. Wenn wir zuwenig schlafen, werden wir richtig müde. Das können wir auch für uns nutzen und den Schlaf normalisieren.

Glutstaufe

Ich sag's gleich: Den Schlafdruck mit verkürzten Bettzeiten zu erhöhen, braucht viel Stehvermögen. Besonders die Tagesmüdigkeit nimmt dann zu und Nickerchen sind natürlich tabu. Gibt es medizinische Gegenanzeigen, wissen Sie und ihr Arzt das sicher schon. Sonst einfach mal mit ihm darüber sprechen – es könnte hilfreich sein.

Wie sieht denn nun ein gesunder Schlaf genau aus? Das steht ja eigentlich alles schon oben: 5-6 Stunden sind absolutes Minimum. Über 9-10 Stunden sind wiederum auch schon wieder belastend. Ein paar Tage mal an diese Grenzen zu gehen, wenn es durch Arbeit, Urlaub, Krankheit etc. nötig erscheint, schadet sicher nicht. Meiner Meinung nach ist ein wenig Abwechslung sogar gut für unseren Schlaf und das Gemüt. Ein eventueller Mittagsschlaf sollte nicht zu lange dauern und zählt als Schlafzeit voll mit. Den Nachtschlaf kann das aber negativ beeinflussen. „Dösen" ist Halbschlaf und entspannt auch. Daher sollten wir das Dösen auch eher dem Schlaf zurechnen, zumal wir dabei auch wieder viel mehr schlafen, als wir hinterher glauben.

Hören Sie ansonsten immer gut in sich hinein, und wenn Sie mit Ihrem Schlafverhalten zufrieden sind, lassen Sie sich nicht durch mich oder andere verunsichern. Niemand kennt Sie schließlich besser, als Sie sich selbst.

Dann gibt es noch ein paar Tipps zur Schlafhygiene, die oft sehr unterschiedlich in der Literatur oder dem Internet beschrieben werden. Diese lassen sich jedoch kurz zusammenfassen: Tun Sie nichts Aufputschendes vor dem Schlafen oder in der Nacht. Machen Sie sich eine schöne Schlafumgebung, gehen Sie sparsam mit Licht und Uhren um und ritualisieren Sie, was Sie müde macht. Sie können zum Beispiel ein nicht zu spannendes Buch lesen – also eher Tolstoj, als dieses hier...

Glutstaufe

Das reicht Ihnen noch nicht? Dann noch ein paar Tipps von meiner Seite:

- <u>Gähnen Sie</u> öfter mal – das entspannt vom Kiefer ausgehend den ganzen Körper und macht müde! Beruhigen Sie Ihren Atem: Langsam einatmen, schneller ausatmen, deutliche Atempause – letztere beruhigt das vegetative Nervensystem. So kriegt man auch den Puls etwas runter, was auch nach Schreck oder bei einsetzender Panik gut funktioniert.

- <u>Lächeln Sie</u> – das entspannt wie das Gähnen. Zusätzlich können Sie auch mal auf Ihre Zunge achten. Die klebt oft am oberen Gaumen, was zusammen mit einem geschlossenen Mund der Anfang von Verkrampfungen des Kiefers sein kann. Daher zusätzlich zum Lächeln Zunge nach unten – das entkrampft prima.

- Suchen Sie sich <u>angenehme Gedanken</u>: Es ist besser, dabei Bilder statt Worte im Kopf zu formen. Dem Kopfkino folgen Sie dann in den Schlaf.

- Wenn es gar nicht funktioniert, <u>stehen Sie notfalls für eine halbe Stunde auf</u>. Lesen oder bügeln Sie etwas. Machen Sie nicht zuviel Licht oder Krach. Bildschirme sind tabu – das aktiviert unnötig!

- Ein <u>Glas Milch oder etwas Süßes</u> kann ebenfalls helfen, aber zuviel oder zu schweres Essen besser nicht.

- <u>Meditations- und Entspannungstechniken</u> gibt es viele. Was Ihnen da gut tut, müssen Sie selbst ausprobieren.

- Achten Sie auch auf einen <u>ausgewogenen Tag</u>. Dazu gehört psychischer und körperlicher Ausgleich (siehe *„Kraftquellen"*). Das lenkt ab und lässt Sie erschöpfen, was dem Schlaf besonders förderlich ist. Und Sie haben gleich wieder etwas Schönes zum Träumen.

Glutstaufe

- <u>Alkohol ist gar nicht so gut</u> als Schlummertrunk geeignet. Wir sind zwar schnell weg, schlafen aber schlecht. Auf Langstreckenreisen meiden „Profis" daher häufig schon den Alkohol. Gleiches gilt natürlich auch für Koffeinhaltige- oder andere aufputschenden Getränke. Milch oder Schlaftees können das besser. Die kurze Zeremonie beim Zubereiten kann auch sehr wohltuend sein. Wenn Sie das nicht glauben, können Sie ja mal die Unterschiede austesten.

- Denken Sie, dass Sie Tabletten brauchen? <u>Baldrian, Hopfen oder Homöopathie</u> schaden sicher nicht und sollten Ihre erste Wahl sein, aber auch wieder nicht auf Dauer. Ansonsten gehen Sie zum Arzt oder Apotheker – die brauchen immer Geld. Viel Spaß dann schon mal beim späteren Abgewöhnen…

Mein Tipp: Schlechte Gedanken in der Nacht werden Sie ähnlich los, wie jetzt den <u>rosa Elefanten</u>. Stellen Sie sich vor, da kommt eine riesige schwarze Krähe und verschluckt den rosa Elefanten. Jetzt haben Sie den armen Kerl gegen eine riesige schwarze Krähe getauscht. So sehen Sie den Kerl nur kurz und dann nur noch eine riesige schwarze Krähe.

Sie dürfen sich natürlich auch was anderes ausdenken und so können Sie das auch mit allen anderen Gedanken machen. Eine riesige schwarze Krähe klappt jedoch besonders gut. Dann finden Sie schneller die Ruhe zum Schlafen. Und dann noch das Wichtigste: Lächeln Sie – das entspannt!

Glutstaufe

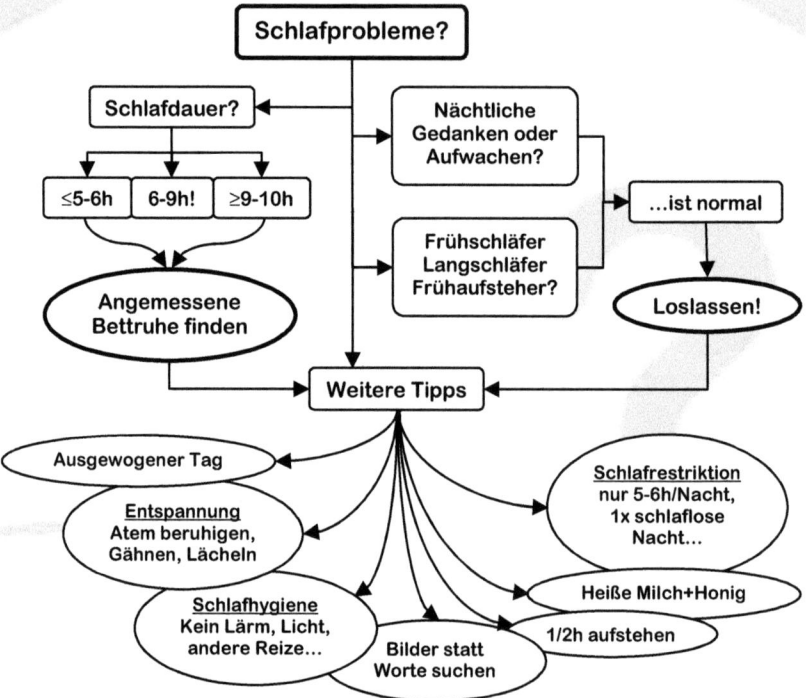

Abbildung 20: Hinweise zur Beseitigung von lästigen Schlafproblemen.

Platz für Ihre Müdigkeit:_____
_____ ...

20. Zwang, Sucht und innere Balance

*Zu wissen, wann man aufhören soll,
ist eine große Kunst.*

Apelles, 4. Jhd. v. Chr., Hofmaler Alexander des Großen

Ich denke, dass wir alle unsere besonderen Macken haben. Wir sind schließlich alle Individuen. Das muss gar nicht direkt mit einem Krankheitsbild, wie zum Beispiel einer Depression, zusammen hängen. Mal sind die Macken liebenswert, mal aber schon nervig. Wichtig ist, wie wir uns damit fühlen, wie wir selbst damit umgehen, und ob sie uns noch gut tun. Oft habe ich erlebt, dass Menschen, ich selbst auch, es übertreiben und damit aus der Balance geraten. Dann wird die Flucht in die Macke zur Sucht oder zum Zwang. Das kann schneller gehen, als man denkt. Für den Fall der Fälle hier also noch ein Kapitel, aus dem wir alle noch etwas über uns lernen können.

Also, sind Sie zwanghaft? Ich leider schon. Das wollte ich anfangs nicht wahrhaben. Dann ein Test hier, einer da – immer das Gleiche: *„Leicht bis mittel zwanghaft".* Wohl oder übel musste ich mir das dann doch eingestehen. Bei mir muss eben alles eine gewisse Ordnung haben. Manche Leute meinen ich sei pingelig oder perfektionistisch. Dann habe ich Angst etwas zu vergessen und schreibe mir zuviel auf. Manchmal wird daraus sogar ein Buch...

Nun, ich bin eben nicht frei von Zwängen und habe auch eine gewisse Suchtproblematik. Meine Balance beim Essen und der Arbeit zu finden, fällt mir oft schwer. Sucht, Rausch und Absturz kenne ich sehr gut. Da bin ich aber nicht alleine. Ich habe viele Menschen mit ähnlichen Problemen kennengelernt, die sich ernstlich bemühen, damit umzugehen. Aus Gesprächen mit ihnen habe ich ver-

Glutstaufe

schiedene positive Ansätze aus dem Dilemma aufgenommen und nachfolgend für uns aufgeschrieben.

Mit Zwängen und Sucht verhält es sich meiner Ansicht nach wie mit dem Rennen in die falsche Richtung.

> Was uns einmal angenehm war, hat ein Eigenleben entwickelt und lässt uns nicht mehr los.

Quasi eine Überdosis an Gutem, was uns jetzt schadet. Ein weiteres Übel ist, dass wir oft wie blind geworden sind, also Zwänge und Sucht nicht mehr richtig wahrnehmen. Für viele ist das alleine schon zur echten Last geworden, was zusätzlichen Druck ausübt. Dann wird die Angelegenheit oft ins Dunkel verdrängt und es kommen Heimlichkeiten hinzu. Wie können wir denn jetzt noch damit umgehen?

Ich glaube, die Dinge müssen zunächst ans Licht! Aufhören mit den Versteckspielen. *„Outen"* wir uns ruhig an vertrauensvoller Stelle. Etwas was wie Blumenkohl riecht, aussieht und schmeckt, ist wahrscheinlich auch Blumenkohl. Belügen wir uns also nicht weiter – das bringt nichts.

Lassen Sie uns also offen erkennen, was wir eigentlich haben, dann können wir uns auch besser dazu bekennen. Wir werden es hier mal sachte angehen. Zwei Beispiele: Können Sie bisweilen nicht aufhören, Chips zu essen? Aha, Suchtverhalten! Mussten sie schon öfter prüfen, ob der Herd aus ist, obwohl Sie es doch besser wissen müssten? Sieh an, Zwanghaftigkeit! Sie dürfen auch gerne „Chips essen" und „Herd nachsehen" mit Ihren sonstigen kleinen Macken ersetzen – mehr ist das ja meist auch nicht. Jeder hat das doch irgendwie.

> Sehen wir unsere Macken doch als Chance, um an unserer inneren Balance zu arbeiten.

Glutstaufe

Ich versuche, Zwänge oder Sucht zunächst wie eine Leidenschaft zu sehen, mit der wir lernen neu umzugehen. Oft müssen wir komplett damit aufhören. Bei Drogen und manchen Partnern ist das sicher so. Das geht in verschiedenen Schritten.

Die körperliche Abhängigkeit, der „Entzug" sozusagen, ist meist schon nach einer Woche vollzogen. Aber die Psyche *sucht* auch nach längerer Zeit immer noch die alte Leidenschaft, das alte Programm. Da muss ein positiver Ersatz her. Dann hilft vielleicht der Spruch eines Freundes: *„Eine große Leidenschaft kann man nur durch eine noch größere ersetzen – eine Lüge aber nicht durch eine andere".* Anregungen für neue Leidenschaften finden Sie auch im Kapitel *„Kraftquellen".* Sehen Sie da ruhig mal nach.

Manchmal ist aber auch die Reduktion auf ein gesundes Maß ratsam, um quasi ein neues Gleichgewicht zu finden. Bei vielen Dingen geht es auch nicht anders, wie zum Beispiel beim Essen oder Tätigkeiten des täglichen Lebens, zu denen Waschen, Einkaufen oder Aufräumen etc. gehören. All jenes können wir nicht einfach abstellen und gänzlich damit aufhören. Diese Dinge gehören zu unserem Alltag oder zum Überleben überhaupt und da sollten wir anders mit umzugehen lernen. Hier geht es meiner Ansicht nach darum, Zwänge oder Suchtverhalten in etwas Positives umzudeuten und ihnen einen neuen Sinn in unserem Leben zu geben. So können wir uns besser mit diesen Macken anfreunden oder sie besänftigen.

Beim Essverhalten zum Beispiel kann man oft zwei Tendenzen erkennen: Zum einen gibt es die *„Frustesser",* die sich bei Problemen ins Essen oder Naschen flüchten, und dann die *„Stressasketen",* denen es genau anders herum ergeht. Das sind Menschen, bei denen sich die Kehle zuschnürt, sobald sie Stress nur riechen. Das hat mit dem Kortisol zu tun, das bei Stress ausgeschüttet wird. Dadurch können viele Betroffene einfach nichts mehr essen oder verspüren bei Stress keinerlei Genuss mehr. Innerlich geht es beiden Typen von Essgestörten nicht gut, äußerlich sind die einen eher zu dick, die anderen zu dünn.

Ein Burnout ist wegen des Stresses übrigens häufig mit einer dünnen Erscheinung verbunden – beobachten Sie das mal. Darüber hinaus gibt es sicher noch weitere Gründe und Ansichten für gestörtes Essverhalten. Die müssen wir aber gar nicht alle erörtern. Wenden wir uns lieber dem Finden eines neuen Gleichgewichts zu.

Beim Essen sollte zum Beispiel der Genuss im Vordergrund stehen und beim Arbeiten die Freude daran. Beim Waschen, Einkaufen oder Aufräumen etc. kann ja auch immer noch etwas übrig oder liegen bleiben. Sie verstehen sicher was ich hier meine. Für jede Macke gilt es eine **Alternative** für sich zu entwickeln, die zufrieden macht und auch gangbar ist. Der erste Schritt ist dabei oft wichtiger, als den perfekten Weg zu kennen. Und:

ein gesundes Mittelmaß bringt mehr Befriedigung,

als ein pures Maximieren oder Minimieren. Unseren Wohlfühlbereich finden wir meist ganz gut, wenn wir innerhalb eines gesunden Maßes gelegentlich die Extreme wahrnehmen. Sofern wir zum Beispiel bewusst Hunger und Völlegefühl gespürt haben, ist es leichter, wieder *„satt"* bzw. *„genug"* zu empfinden. Wenn wir das Gefühl der Langeweile und der Überforderung kennen, wissen wir auch, wann sich die Arbeit angenehm anfühlt. Ein Schrank oder Wäschekorb kann ruhig einmal fast leer oder voll sein etc. Dann kann es auch helfen, nivellierende Begriffe für sich zu suchen. So versuche ich zum Beispiel den Begriff *„Perfektion"* durch *„ist es angemessen"* ersetzt. Alles wird so wieder eine Frage der Dosierung und Balance.

Bildlich gesprochen: Ich glaube, dass wir unsere Farbpalette gut anfüllen sollten, damit wir unsere Lieblingsfarben besser erkennen. Wann immer ich etwas Neues wahrnehme, mache ich mir klar, dass ich gerade *„meine Palette erweitere"*. Das wäre auch mein Vorschlag für Sie.

Wenn Sie noch zweifeln, ob Sie Ihre Macken unbedingt aufgeben sollten, sehen Sie es vielleicht so: *„Man kann auch ohne Alkohol unglücklich sein."* Das Leben geht auch so weiter und oft sind es nicht die Macken, die uns unglücklich werden lassen. Wir sollten eher wieder nach unseren Bedürfnissen schauen, dann klappt die Entwöhnung auch viel besser.

Wir müssen auch nicht gleich in Panik ausbrechen, wenn es zu einem Rückfall kommt, es wieder einmal zuviel oder zu wenig geworden ist etc. Verhaltensänderungen brauchen viel Zeit und Geduld, wie wir aus der entsprechenden Abbildung des Kapitels: *„Der Unterschied zwischen Denken und Handeln"* wissen. Besser ist es, sich die dazugehörigen Gefühle bewusst einzuprägen, damit wir sie später als Warnung abrufen können. Auch gilt es, locker und dann wieder beharrlich bei der Sache zu bleiben. Wieder auf Kurs zu gehen und weiter zu machen, ist meiner Ansicht nach viel wichtiger für einen nachhaltigen Erfolg. Um hier einmal den alternden Rocky Balboa zu zitieren:

„Es ist nicht wichtig wie oft Du zu Boden gehst, sondern wie oft Du wieder aufstehst!"

Eine Frage kommt dann immer wieder mal hoch: Wann hat man eine Sucht oder ein Zwangsverhalten nun überwunden? Manche sagen nie und man sollte immer achtgeben. Das mag sein, tut aber irgendwie weh. Meine persönliche Antwort lautet daher: Sobald Sie nicht mehr darüber nachdenken! Wenn wir uns stattdessen mit anderen Dingen beschäftigen, geht's uns doch schon ganz gut. Zeit spielt auch hier keine Rolle!

Eines noch zum Schluss: Zwänge und Sucht habe ich hier zusammen behandelt, obwohl sie natürlich nicht dasselbe sind. Sie können auch die verschiedensten Ursachen und

Symptome haben, die nicht vernachlässigt werden dürfen. Jedoch bin ich kein Mediziner und mag mir eine erschöpfende Behandlung dieser Themen nicht zutrauen. Meinen Ausführungen mag daher nicht jeder zustimmen und das kann ich gut akzeptieren. Sehen Sie meine Darstellung daher als Angebot zum Nachdenken und wägen es mit Ihren eigenen Ansichten und Erfahrungen ab. Sicher kommen Sie hierdurch trotzdem zu neuen Erkenntnissen.

Mein Tipp: Wenn Sie etwas ändern wollen, dann zögern Sie nicht weiter, sondern handeln Sie sogleich. Wir finden immer Ausreden und jeder schlechte Vorsatz beginnt mit *„Morgen werde ich..."* Es ist aber wichtig, unsere innere Einstellung augenblicklich zu ändern, damit unser Handeln nachhaltig bleibt. Der Rest wird folgen, wenn wir es nur ernsthaft wollen.

Ein Mitpatient hat mir seinen Leitspruch genannt, der aus „Star Wars" stammt und es gut auf den Punkt bringt. Nach diversen erfolglosen Versuchen eine Aufgabe zu lösen sagte Meister Joda zu Luke Skywalker:

> *„Versuchen? Versuchen sollst Du es nicht.*
> *Mach es, oder lass es!"*

Glutstaufe

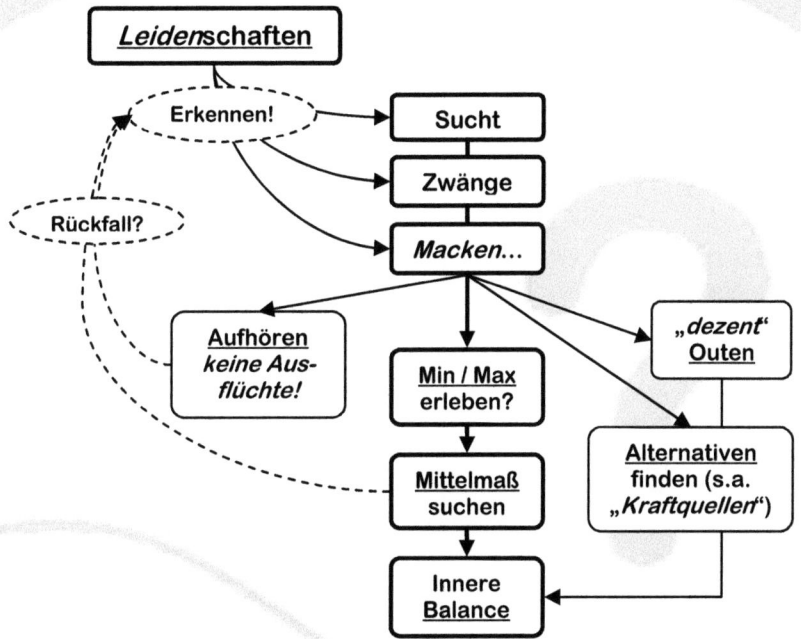

Abbildung 21: Statt Sucht oder Zwängen die innere Balance suchen.

Platz für Ihre Balance: _____
_____ ...

21. Wie Sie gute Kontakte pflegen

Die Stimmen soll man wägen, nicht zählen.

Cicero, 106-43 v. Chr., römischer Konsul und Karrierist

Wozu brauchen wir eigentlich gute menschliche Kontakte und warum sollten wir diese pflegen? In Krisenzeiten neigen leider viele Menschen dazu, sich zurückzuziehen, aber auch sonst sind viele Menschen einsam. Dass das nicht gut ist, können wir zunächst mal medizinisch betrachten. Schon Paracelsus lehrte uns:

„Die beste Medizin für den Menschen ist der Mensch!"

Manche Menschen scheinen trotzdem eine gewisse „Kontaktallergie" gegen andere Personen aufgebaut zu haben, also eher menschenscheu zu sein. Warum ist das so, wie viel Dosis Mensch brauchen wir und wo holen wir uns diese denn nun her?

Wie viel *„Mensch"* uns gut tut, hängt sicher weniger von der Quantität, sondern vor allem von der Qualität unserer Kontakte ab. Bei dem einen oder anderen Menschen reagiere ich auch schon mal allergisch und gehe solchen *„Erregern"* möglichst aus dem Weg. Andere Menschen, und hierzu zähle ich die meisten Begegnungen in meinem Leben, sind dagegen wie Balsam für meine Seele und von denen kann ich oft kaum genug bekommen. Das sehe ich unabhängig von Alter, Geschlecht, Herkunft, Kultur, Bildung, Kleidung, Konfession etc. Und der Kontakt mit anderen Menschen erdet fast jeden von uns und macht uns so innerlich zufriedener.

Ich gehe inzwischen davon aus, dass das die meisten Menschen im Grunde so empfinden. Vielen fällt es aber im

Laufe der Zeit immer schwerer, mit anderen in Kontakt zu treten und daher werden oder verbleiben sie einsam. Sie bauen dann innerlich Hürden auf und machen es auch anderen schwer, diese zu überwinden. Das ist sehr schade, da sie sicher für andere Menschen sehr wertvoll sein können. Bemühen und trauen wir uns daher immer wieder heraus aus unserem Schneckenhaus – das kostet vielleicht ein wenig Überwindung, lohnt sich aber allemal.

Wie treten wir denn nun aber am besten in Kontakt mit anderen Menschen? Dazu habe ich zwei Empfehlungen:

1. Halten Sie sich dort auf, wo andere Menschen sind.
2. Gehen Sie es sachte an – überfordern Sie weder sich noch andere.

Ich denke, dass der Mensch nun mal ein Herdentier ist. Also schauen wir uns doch einmal Herden an. Einzelgänger werden gemieden, also gehen Sie möglichst nicht allein unter große Menschenmengen. Einzelne Tiere freunden sich durch vorsichtige Annäherung an. Gehen Sie also in den Park, beobachten Sie Tiere und Menschen. Da können Sie lernen und üben zugleich.

Zeigen Sie anderen Ihre Anerkennung und Aufmerksamkeit.

Das bedeutet, auch für andere wahrgenommen zu werden und über ein ehrliches, höfliches Kompliment freut sich jeder. Wenn Sie es für sinnvoll erachten, bieten Sie auch mal Ihre Hilfe an – das tut beiden Seiten gut. Nicht übertreiben und auf die Intimzonen des anderen achten. Dann klappt es auch mit dem Nachbarn...

Oder gehen Sie doch ab jetzt wie mit *„Engelsflügeln"* durch die Welt. Das ist eine tolle Hilfsvorstellung vom Magier Jan Becker. Falls Ihnen das nicht zu esoterisch ist, dann spüren Sie Ihre *„Engelsflügel"* vielleicht schon auf dem Rücken? Dieser Gedanke kann Ihnen eine wundervolle innere und äußere Haltung fürs Leben geben. Ihre Aufmerksamkeit, Ihre Ausstrahlung, Ihr Selbstvertrauen und Ihr Mitgefühl für Mitmenschen können sich mit diesen Engelsflügeln ganz schnell sehr zum Positiven verändern. Probieren Sie es – ein Versuch ist es wert.

Achten Sie auch auf Ihren Augenkontakt. Manche Menschen haben damit Probleme und das geht mir auch noch oft so. Da können wir uns was Nettes von den Indern abgucken. Verheiratete Inder haben doch meist einen roten Punkt zwischen den Augen auf der Stirn. Stellen Sie sich diesen Punkt bei Ihrem Gegenüber vor und schauen einfach da hin – hinsehen, nicht schielen! Bei dieser Vorstellung fällt uns ein nettes Lächeln auch nicht mehr schwer. Das ist meiner Erfahrung nach den Menschen am angenehmsten und bricht oft das Eis. Probieren Sie es aus und machen Sie Ihre eigenen Erfahrungen.

Zum Abschluss noch etwas zum Nachdenken und Enträtseln zugleich: Derzeit leben schätzungsweise sieben Milliarden Menschen auf diesem Planeten. Auch wenn Sie wahrscheinlich nicht alle von denen in Ihrem Leben treffen werden, so ist zumindest die Wahrscheinlichkeit, angenehmen Menschen zu begegnen, so hoch wie nie. Und jetzt kommt's: *ungefähr die Hälfte aller Menschen, die je auf dieser Erde gelebt haben, leben heute noch.* Verstehen Sie es schon? Das ist wie bei dem Schachbrett und dem Reiskorn, welches sich mit jedem Feld verdoppelt. Auf dem letzten Feld wären dann mehr Reiskörner, als auf allen vorangegangenen zusammen. Auch die Menschheit hat sich seit Adam und Eva alle paar Generationen verdoppelt und so kommt es, dass es heute auf der Erde soviel Menschen gibt wie nie zuvor. Das ist manchmal erschreckend, aber andererseits müssten doch ein passender Partner oder ein paar Vertraute zum Plaudern dabei sein, oder?

Mein Tipp: Vergessen Sie auch Ihre bestehenden Kontakte nicht, sondern pflegen Sie diese. Wann haben Sie das letzte Mal Ihre Freunde gesehen, mit Ihrer Familie telefoniert oder Ihrem Partner tief in die Augen geschaut?
Vergessen Sie lieber Ihre eigenen Sorgen und kümmern sich um Ihre Kontakte. Wie heißt es noch: *„Bist Du unglücklich, dann tue etwas für andere!"* Das hilft bestimmt. Und falls Sie immer noch ein wenig zweifeln – machen Sie sich vielleicht klar, dass Ihr Auto oder Ihre schönen Immobilien Sie kaum im Altersheim besuchen werden. Das werden nur Menschen tun, die Sie mögen.

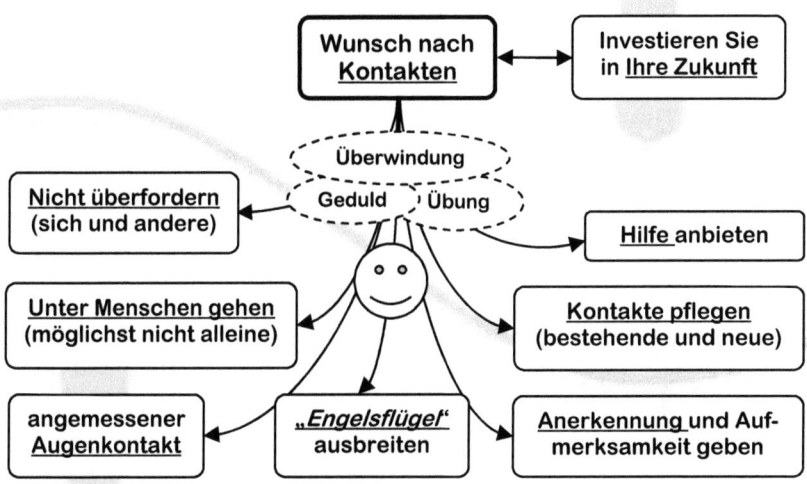

Abbildung 22: Kontakte aufbauen und pflegen.

Platz für Ihre Verbindungen:_____
_____...

22. Das gute Gespräch

Eine Art Habgier ist es, wenn einer immer nur reden und nie zuhören will.

Demokrit, um 450-360 v. Chr., globaler Philosoph, Forscher und Denker

Wie wichtig Menschen sind, hatten wir ja gerade. Aber auch bei denen gibt es manche, die sich einfach mit jedem gut unterhalten können. Damit meine ich nicht Typen, die nur schwatzen, sondern Menschen, die als Gesprächspartner hoch geschätzt werden. Wie machen diese Personen das und was können wir von denen lernen? Das ist gar nicht so schwer.

Über das Thema Gesprächsführung sind zwar schon viele gute Bücher geschrieben worden, aber mir fallen immer wieder einige einfache Dinge auf, die wir uns gut zunutze machen können. Es sind meiner Ansicht nach

drei Dinge, auf die wir achten sollten:

1. Bewegen Sie sich auf gleicher Augenhöhe. Das meine ich sowohl körperlich, als auch mental. Gehen Sie zum Beispiel bei einem Rollstuhlfahrer in die Hocke, wie es selbst Lady Di schon gemacht hat. Stellen Sie sich auf Ihr Gegenüber ein, dann laufen Gespräche mit Kindern und Jugendlichen, Arbeitern und Handwerkern, Ärzten und Therapeuten, Vorgesetzten und Direktoren usw. sehr natürlich ab. Dies reduziert Hürden, sowohl in Ihnen, als auch bei Ihren Gesprächspartnern.

2. Seien Sie respektvoll. Wertschätzung, Achtung, Anerkennung, ein wenig Zurückhaltung – dies sind Dinge, die Gespräche günstig beeinflussen und auch positiv auf Sie zurückfallen. Auf meinen vielen Reisen nach Asien habe ich den respektvollen und ruhigen Umgang

auch in schwierigen Situationen zu schätzen gelernt. Das zeigt dem Menschen gegenüber, dass Sie ihn ernst nehmen und ihm keine „Gefahr" droht, er sich also öffnen kann. Gleichzeitig schützt es Sie davor, *„das Gesicht zu verlieren"*, oder wie es in westlichen Kreisen heißt: *„Die Beherrschung zu verlieren"*. So bleiben Sie stets würdevoll Herr der Lage und haben auch immer genügend Zeit zum Nachdenken.

3. Achten Sie auch auf Ihr <u>eigenes Wohlbefinden</u>. Wir sollten uns stets genügend selbst schützen, damit der Gesprächspartner uns nicht überfordert. Ein ausgewogenes Gespräch braucht auch das Aufrechterhalten unserer eigenen Grenzen und Intimzonen. Also hören Sie in sich hinein und sagen Sie (ruhig und respektvoll), wenn Ihnen etwas zuviel wird, Sie nicht genügend Zeit haben oder bestimmte Erwartungen mit einem Gespräch verknüpfen. Sie werden vielleicht überrascht sein, wie positiv die Nennung der eigenen Bedürfnisse aufgenommen wird, und wie Gespräche damit vorankommen können. Es kann trotzdem auch mal sein, dass Sie dem quasselnden Nachbarn deutlich machen müssen, *„dass Sie jetzt mal weiter müssen"* und sich noch schnell (respektvoll) für das Gespräch bedanken...

Ihnen fällt hoffentlich immer ein gutes Thema zum Plaudern ein. Ansonsten überlegen Sie sich in ruhiger Minute, worüber Sie gerne reden würden, was Sie interessiert oder was Sie schon immer mal wissen wollten. Mit entsprechenden Fragen lassen sich Gespräche gut eröffnen und Sie haben beim Reden des Gegenübers immer genug Zeit über eine weitere Frage oder Ihre Entgegnung nachzudenken. Ansonsten bleiben: Wetter, Arbeit, Hobbys, Urlaub oder was es leckeres zu Essen geben wird...

Glutstaufe

Mein Tipp: Stellen Sie sich ein Gespräch doch wie ein freundschaftliches Tennismatch vor. So gehen Sie ganz automatisch auf Ihren Partner ein. Sie achten auf ihn aber auch auf Ihre eigenen Leistungsgrenzen. Sie haben einen offenen Blickkontakt und ahnen oft schon, was als nächstes kommt. Die Worte wechseln ganz automatisch hin und her. Und wenn Ihr Partner Sie überfordert, geben Sie Bescheid, machen mal eine Pause oder verlassen notfalls den Platz...

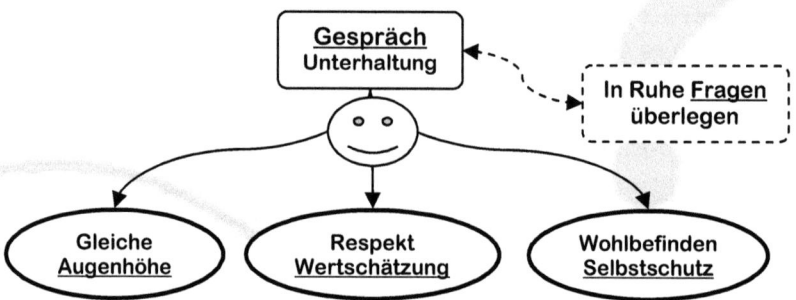

Abbildung 23: Hinweise für eine gute Gesprächsführung.

Platz für Ihre Unterhaltungen:_____
_____ ...

23. Menschen lesen lernen

Gewöhne Dich daran, mit Aufmerksamkeit zu verweilen,
und versetze Dich in die Seele des Sprechenden.

Marc Aurel, 121-180 n. Chr., der Top-Manager auf dem Kaiserthron

Ich denke, dass viele nach einer Krise bessere Antennen für andere Menschen bekommen haben. Vielleicht waren diese schon vorher da und wurden nur freigelegt? Dann haben wir die vielleicht alle? Aber wie funktionieren diese Antennen dann und wie können wir sie nutzen? Wie ich mir das vorstelle, möchte ich Ihnen in diesem Kapitel gerne erzählen. Zunächst aber noch zu den Menschen, mit denen wir besser in Kontakt treten können.

Ein Mensch kann wie ein gutes Buch sein

Jeder hat so seine Qualitäten, spannende, dramatische, aber auch mal langweiligere Phasen. Es gibt Ratgeber, Fachbücher, bedrückende russische Romane, Liebesschnulzen, Mystik, Fantasy und so weiter. Was ich besonders spannend finde, ist, dass manchmal schon klar ist, wie die Handlung gleich weiter gehen wird. Das kennen Sie bestimmt auch: Sie stellen eine Frage und bevor der Mensch gegenüber etwas sagt, erahnen Sie seine Antwort. Manche Gesprächspartner beantworten so einander ihre Sätze: *„Hallo Herr Nachbar, wie geht's denn eigentlich Ihrer..." „Meiner Frau Sophie? Ja, der geht's gut..."*

Besonders an der Gestik und Mimik unseres Gegenübers können wir wieder viel ablesen. Wie geht's ihm gerade, ist er ruhig oder wirkt er hektisch? Wenn wir genau hinsehen, bemerken wir eben, was die Person gerade fühlt.

Empfindungen zu deuten,
möchte ich Ihnen ans Herz legen.

Was uns das nützt? Vor allen Dingen macht es viel Spaß. Darüber hinaus kann es uns mehr Klarheit verschaffen und damit gut zum Gelingen einer Sache beitragen. Vereinzelt ist es aber auch als Alarmanlage hilfreich, damit wir uns frühzeitig zurückziehen oder schützen können.

Es ist ein bisschen wie der Blick in die Zukunft, lässt uns ganzheitlicher wahrnehmen und ein wenig in den anderen einblicken. Ich weiß nicht, ob Sie Science-Fiction mögen, aber im Film Avatar gibt es bei den riesigen, aber grazilen Aliens einen wunderschönen und simplen Ausdruck dafür: *„Ich sehe Dich!"* Damit ist gemeint, jemanden vollkommen zu erkennen, ihn ganz und gar zu begreifen. Im Prinzip genau das, worum es hier geht.

Wie geht das *„Menschenlesen"* nun? Es hat viel mit Gespür und einer ganzheitlichen Wahrnehmung zu tun.

**Achten Sie weniger auf die Worte
und mehr auf Regungen.**

Also die Gesichtszüge, Körperhaltung, Reaktionen etc. bis zur Kleidung und Frisur der Menschen können uns vieles verraten. Wenn Sie sich selbst vertrauen und versuchen, tief in andere Menschen hineinzufühlen, werden Sie es merken. In einigen Bereichen betreiben wir das sowieso schon: Dem launigen Chef aus dem Weg gehen, sich über das Lächeln der Kassiererin freuen oder einem weinenden Menschen Trost spenden wollen. Das ist es bereits.

Eines noch: Es gibt viele gute und schlechte Ratgeber darüber, aber wir sollten immer bedenken, dass Menschen im Kontext handeln. So kann eine verkrampfte Haltung viele verschiedene Ursachen haben, die man mit Worten und Beschreibungen nicht allesamt fassen kann. Ich plädiere daher, auf Ihr

urinstinktives Gespür für Menschen zu achten.

Das ist meiner Ansicht nach den meisten Ratgebern überlegen, die natürlich auch nur versuchen, Ihnen das Thema in den Grundzügen näher zu bringen.

Bitte denken Sie auch daran wie Sie früher einmal lesen gelernt haben: Langsam, in Ruhe und leise. Erproben Sie diese „*Gabe*", die in uns allen steckt also nicht gleich am Stammtisch, sondern versuchen Sie es behutsam für sich. Zum Beispiel: Wird der jetzt „*Ja*" oder „*Nein*" sagen? Wer wird in einer Runde zuerst etwas sagen? Stimmt das, was er sagt oder mir zeigt oder habe ich den Eindruck, dass etwas anderes dahinter steckt? Gehen Sie dem sachte nach und Sie werden sicher viele angenehme Überraschungen erleben. Menschen werden sich Ihnen gegenüber öffnen und vielleicht gewinnen Sie neue Freunde, wo Sie es gar nicht erwartet hätten. Meist werden Sie Ihrem Instinkt oder Gespür folgen können und so das bringt Ihnen das sicher auch

mehr Selbstsicherheit.

Das klappt übrigens auch bei Tieren: Mag der Hund / die Katze das Streicheln oder geht sie gleich weg? Sie werden es wissen und können so zum Beispiel auch neue vierbeinige Freunde bekommen.

Und für fortgeschrittene Menschenleser, die manchmal nicht wissen, warum Menschen Böses tun:

es gibt da noch den „*Todsünden-Test*".

Dieser Test kann an Menschen, die uns besonders verletzen, gemacht werden. Trotz des harten Namens, den ich diesem Test gegeben habe, ist er zunächst einmal für alle Seiten „unschädlich", da er nur in unserem Kopf abläuft. Egal ob es sich bei boshaften Menschen zum Beispiel um mobbende Kollegen, niederträchtige Nachbarn oder pöbelnde Fußgänger handelt – oftmals können wir deren Beweggründe kaum nachvollziehen. Wir spüren aber, dass wir irgendwie als Blitzableiter dienen und selbst kaum für deren Verhalten verantwortlich sind – egal, wie es uns auch verletzt. Die entsprechenden Motive sind aber bereits in einer sehr alten Schrift fixiert – ich spreche da von der Bibel.

Bei den sieben Todsünden handelt es sich um: *Neid, Habgier, Rache, Eitelkeit, Faulheit, Wollust oder Völlerei.* Sie könnten nun prüfen, ob als Motiv für ein kränkendes Verhalten, eine dieser Sünden in Frage kommt. Entsprechende Fragestellungen könnten in etwa lauten: *Ist der Mensch vielleicht neidisch oder eifersüchtig auf etwas? Ist er gierig nach Besitz? Sinnt es ihm nach Rache? Ist er einfach nur eitel, faul etc.?* Wenn dem so ist, können wir uns zumindest innerlich darauf einstellen. Ich werde solchen Menschen gegenüber ruhiger, sachlicher, verlasse die emotionale Ebene und nehme Distanz ein. Das hilft mir und lässt derartige Situationen nicht weiter eskalieren.

Distanz schützt uns und vermeidet eskalierende Situationen.

Ich mag ja falsch liegen und vielleicht ist es auch anmaßend, diese Methode als „Todsünden-Test" zu bezeichnen. An dieser Stelle möchte ich mich aufrichtig bei beunruhigten Lesern entschuldigen. Jeder hat die Freiheit, das für sich auszumachen oder auch mal auszutesten. Für mich ist diese Methode nur zur Erkennung und Vermeidung von schwierigen zwischenmenschlichen Problemen geeignet und ergänzt damit unser vorgenanntes urinstinktives Gespür für Menschen.

Ein weiterer Bereich, wo dieser Test ungemein hilfreich sein kann, sind übrigens Krimis. Die Motive der Verbrecher (oder der Autoren/Regisseure...) orientieren sich in der Regel an den sieben Todsünden und so kann jeder wunderbar viele der schwierigsten Fälle enträtseln. Prüfen Sie es nach – viel Spaß beim nächsten Krimi!

Mein Tipp: Sie sollten immer bedenken, dass es sich beim „*Menschenlesen*" nur um eine <u>defensive Methode</u> der Erkenntnisgewinnung handelt. Beim Erkennen des Gegenübers sollten wir nichts verändern oder ihn manipulieren wollen. Genutzt wird nur, was sowieso preisgegeben wurde, also seine Gestik, Haltung oder Mimik etc.

Daher noch mal mein Rat, mit dem Gespür bedachtsam umzugehen und es nicht gleich herauszuposaunen. Wir könnten uns ja auch immer mal verlesen, also falsch liegen – und dann stünden wir ziemlich dämlich da, oder?

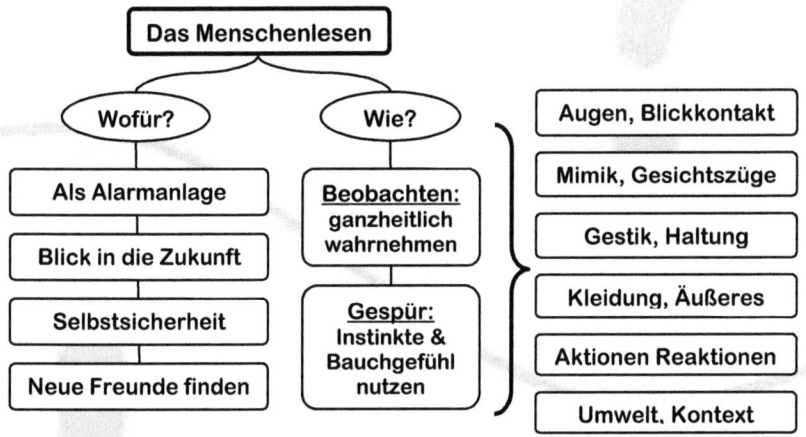

<u>Abbildung 24:</u>   Eine kurze „*Gebrauchsanleitung*" zum Menschenlesen.

Platz für Ihr Gespür:_____
_____
                                                                                          ...

24. Können Sie sich einigen?

Nur Eintracht lässt große Dinge entstehen.

Demokrit, um 450-360 v. Chr., Grundlagenforscher und Welterklärer

Das ist wohl eine spannende Frage; *„Können Sie sich einigen?"* Ein schneller Konsens ist sicher besser als ewige Dispute. Aber was können wir für eine Einigkeit tun, ohne uns dabei zu verbiegen? Darum geht's in diesem Kapitel.

Bei einer Kontroverse können wir zunächst einmal unsere Aufmerksamkeit auf die Streitparteien und deren Argumentationen richten. Da gilt es wieder zu beobachten, wer eigentlich was macht – ohne es gleich zu bewerten. Das kennen wir ja schon vom Anfang des Buches, aber was können wir daraus ablesen?

„Wer will, findet Wege – wer nicht will, Gründe..."

Das ist eine interessante Devise eines Freundes. Besonders, da wir so betrachtet recht bald ersehen können, ob eine Meinungsverschiedenheit von den Beteiligten zu einer Einigung hingeführt wird oder eher nicht. Solange nämlich immer neue Gründe für eine *Nicht*einigung gesucht werden, ist eine einvernehmliche Lösung eher unwahrscheinlich. Schauen Sie sich politische Diskussionen an, beobachten Sie Kollegen, Nachbarn oder Lebensgemeinschaften. Sie erkennen recht schnell: *„Wer will, findet Wege – wer nicht will, findet Gründe..."*

Aber wohin soll der Weg einer Lösung führen? Dafür brauchen wir meines Erachtens noch das grundlegende Verständnis für die Ansichten des Anderen. Wenn ich nicht weiß, was der Andere will, kann ich mich kaum mit ihm auf etwas verständigen und umgekehrt sicher auch.

Einigen hat viel mit gegenseitigem Verstehen zu tun. Wie heißt es so schön: *„Es ist unmöglich, eine Brücke über etwas zu bauen, das man nicht kennt!"* Mit ein wenig Verständnis und Einfühlungsvermögen finden wir dann auch bessere Wege zur Einigung.

Verstehen können wir einander aber nur, wenn wir das auch wollen. Dies ist in schwierigen Situationen oft gar nicht so einfach. Wenn wir da in Vorleistung gehen, können wir dem anderen dann aber klar machen, dass wir ihn zunächst bloß verstehen möchten. Dann fällt es leichter, den Gesprächspartner davon zu überzeugen, auch uns verstehen zu wollen. Ein derartiges Vorgehen ist auch die Basis jeder guten Mediation.

Zuweilen ist Ihr Gesprächspartner ja sogar per Gesetz verpflichtet „zu wollen". So steht beispielsweise im Betriebsverfassungsgesetz §74 (1) über die Zusammenarbeit zwischen Arbeitgeber und Betriebsrat: *„Sie haben über strittige Fragen mit dem **ernsthaften Willen zur Einigung** zu verhandeln und Vorschläge...zu machen".* Diesen Vorsatz können Sie sich nicht nur in der Arbeitswelt zunutze machen, wenn Ihr Gegenüber mal nicht *„ernsthaft will"*...

Vielleicht haben Sie in diesem Kapitel erwartet, dass ich Ihnen rate, öfter mal klein beizugeben. Das geht aber nicht – wir wollen uns ja treu bleiben. Und daher:

Wir sind starke Verhandlungspartner, sofern wir uns treu bleiben.

Da müssen wir manchmal viel Geduld aufbringen, bis unser Gegenüber endlich bereit für eine gemeinsame Lösung ist. Das Warten ist mir aber oft lieber, als einen schlechten Kompromiss einzugehen. Da gibt es aber noch ein paar Möglichkeiten den Gesprächspartner aus der Reserve zu locken. *„Wer fragt, der führt"* sagte ein Coach und diese Regel kann man sich ebenfalls gut zunutze machen, wenn es mal nicht weiter geht. Da frage ich inzwischen manchmal: *„Und, was willst Du?"* oder *„Wie stellst Du Dir das denn vor?"* und warte was kommt.

Wenn mein Gegenüber meine Ausführungen ständig auseinandernimmt, mache ich ihm auch schon mal klar: *„Wenn Du mich wirklich verstehen willst, dann wirst Du es auch tun. Also, warum versuchst Du es nicht?"*. Damit kommt das Gespräch meistens auch voran. Ich plädiere stets für das gegenseitige Verstehen. Das bringt neue Einsichten und damit neue Optionen, oft zu beiderseitigem Nutzen. Daher meine Devise:

Verstehen kommt vor Lösen.

Und aus gelösten Konflikten, kann weiteres entstehen. So kann aus Einigkeit auch eine sehr starke Partnerschaft erwachsen. Eine kleine Anekdote mag dies verdeutlichen: Ein Ritter hatte einmal seinen Knappen gefragt: *„Was ist die stärkere Zahl: Fünf oder Eins?"* Der Knappe meinte: *„Die Fünf natürlich. Es ist doch die größere Zahl."* Da zeigte der Ritter seine ausgestreckte linke Hand: *„Fünf Finger"* und dann seine Rechte Faust: *„Eins!"* Einigkeit kann Menschen sehr stark machen und auch daher sollte es in unserem Interesse sein, eine Einigung herbeizuführen.

Aber mit dem Einigen bei schwierigen Verhandlungspartnern ist es manchmal so, als versuchten wir eine Katze in den Schnee zu locken. Wir müssen sowohl wissen, was wir anstreben (uns treu bleiben) und uns dann noch in die Lage des Gegenübers versetzen (was ist ihm wichtig?). Das ist nicht einfach. Und auch mit viel Geduld erreichen wir nicht immer, was wir uns ursprünglich vorgenommen haben, aber wir kommen immer ein Stück weiter. Zumindest das Vertrauen und die Beziehung wachsen. Meine Katzen folgen mir zwar immer noch nicht in den Schnee, aber Sie kommen auf Zuruf meistens doch zu mir – wenn sie es wollen...

Glutstaufe

Mein Tipp: Beim Einigen oder Verhandeln betrachten Sie bitte nicht nur das Ergebnis, sondern vor allem den Prozess. Wie läuft es? Wird noch gelacht? Wie geht es Ihnen und dem Gesprächspartner? Was da bei einem Gespräch herauskommt, ist meist das Beste, was gerade geht.

Mit mehr Härte bei einem Gespräch könnten Sie möglicherweise vorübergehend mehr fordern oder erreichen. Das kostet Sie aber Kraftreserven und beim nächsten Mal zahlen Sie vielleicht drauf, statt von einer guten Beziehung profitieren zu können. Langfristig lohnt es sich meist, den Partner verstehen zu wollen und gemeinsame Wege zu suchen.

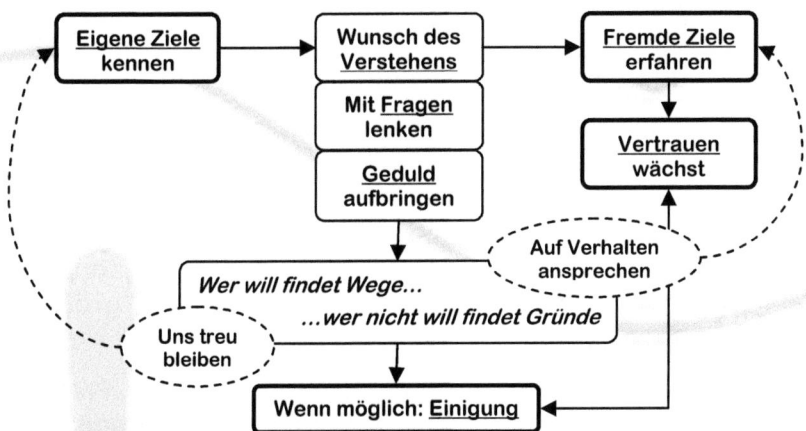

Abbildung 25: Wege des Verstehens und der Einigung.

Platz für Ihre Einigung:_____
_____ ...

25. Der Umgang mit starken Gefühlen

Was Härte nicht erringt, bewirkt doch oft die Güte.

Publilius Syrus, 1. Jhd. v. Chr., beliebter römischer Dichter

Während Burnout, Depressionen und Lebenskrisen werden Menschen mit vielen Emotionen konfrontiert. Manche Empfindungen haben wir selbst vielleicht lange nicht mehr empfunden. Daher könnten wir uns im letzten Drittel des Buches auch einmal mit dem Thema *„starke Gefühle"* beschäftigen. Damit meine ich wahrscheinlich wieder nicht ganz das, was Sie erwarten. Es geht darum

Gefühle so zu nutzen, dass sie uns
und unserer Umwelt, gleichermaßen gut tun.

Da sollten wir vielleicht zunächst einmal klären, was starke Gefühle überhaupt sein könnten. Jemand hat mich einmal gefragt, was für mich die stärkeren Gefühle sind: Hass und Zorn *oder* Liebe und Zuneigung? Ich weiß nicht, wie es für Sie ist, aber da muss ich nicht lange nachdenken – für mich sind das beides noch nicht die größten Empfindungen, die ich kenne.

Das erinnert mich eher an eine alte Scherzfrage: *„Was ist tiefer: Teller oder Tasse? – Die Oder (Fluss) natürlich."* So wie bei diesem Scherz stehen für mich noch viel größere Gefühle zwischen den Fronten *Hass/Zorn* und *Liebe/Zuneigung* – es sind die *Versöhnung* oder das *Verzeihen*. Warum ich das so sehe, möchte ich Ihnen erläutern.

Wie nach einer Berg- oder Talfahrt befinden wir uns mit unseren Emotionen bei Hass/Zorn und Liebe/Zuneigung früher oder später auf einem Plateau und es ereignet sich nicht mehr viel. Bei der Versöhnung ist das ganz anders, da erleben wir einen mächtigen Bergrutsch oder Gefühls-

Glutstaufe

rausch von mies, schlimm, traurig zu schön, gut, freudig usw. Dieser Übergang von einer sehr negativen zu einer sehr positiven Stimmung und die enorme Beschleunigung, mit der das passieren kann, macht das Aussöhnen für mich zu einem der bedeutendsten Gefühle, die es gibt. Vielleicht auch für Sie!?

Denken Sie an ein Wiedersehen nach langer Zeit, ein klärendes Gespräch nach Zwistigkeiten oder eine innige Umarmung nach einem Streit – dann können Sie nachfühlen, was ich meine. Da geht nichts darüber, da bleibt kein Taschentuch trocken. Und aus diesem Grunde gibt es ja auch so viele Schnulzen und Reality-Shows...

> Die stärksten Gefühle sind
> die Versöhnung und das Verzeihen.

Trotz des schönen Ausblicks fällt es einigen leichter und anderen schwerer zu verzeihen. Es gibt auch immer wieder Situationen oder Personen, bei denen wir kaum zu einer Vergebung bereit sind. An dieser Stelle helfen auch unsere besten Vorsätze nichts. Es könnten tiefe Verletzungen, aber auch Eitelkeiten wie Stolz oder Vorurteile sein, die uns den Zugang zur Verständigung blockieren.

Bei Verletzungen dürfen wir uns berechtigterweise abgrenzen. Aus diesem Blickwinkel betrachtet sind wir aber auch diejenigen, die eine Versöhnung unbewusst unterbinden könnten. Stehen dagegen Eitelkeiten im Vordergrund, bleibt die Friedenspfeife wahrscheinlich ebenfalls kalt. Wenn sich da nichts ändert, kann das zu einem ziemlich einsamen Leben führen. Vielleicht wird es dann Zeit abzuwägen, ob wir uns hier und da unserem Schmerz, Stolz, Vorurteil oder auch Ängsten und Befürchtungen stellen sollten, um eine Versöhnung zu ermöglichen. Es ist schließlich unsere Entscheidung – wer will, findet weiter unten Wege...

Glutstaufe

Mancher Schmerz sitzt jedoch ziemlich tief oder ist schon sehr alt. Viele Situationen können auch sehr traumatisch gewesen sein und daher sind meine Ausführungen sicher nicht auf alle Situationen zu übertragen. In solchen Fällen ist es häufig zuviel verlangt, alles alleine zu überwinden oder jedem zu vergeben, der uns Unrecht getan hat. Da greift bei uns schon mal

unser Selbstschutz, den wir nicht übergehen sollten.

Letztendlich sehen wir uns häufig als Opfer und der Täter hat sich doch zu entschuldigen, oder? Um das besser zu begreifen und später Lösungswege zu finden, möchte ich Ihnen hier ein Modell aus der Krisenintervention vorstellen. Vielleicht haben Sie schon mal vom *„Drama-Dreieck"* gehört. Klingt vielleicht dramatisch, beschreibt jedoch nur die Beziehung zwischen Täter, Opfer und Retter. Wir können uns dieses Modell zunutze machen, indem wir bei einer unangenehmen Situation mal in die verschiedenen Rollen schlüpfen:

Solange wir uns nur als Opfer fühlen und den anderen als Täter sehen, ist das System geladen. Ich stelle es mir auch schwierig vor, als Opfer um eine Entschuldigung zu bitten. Eine Ablehnung würde den eigenen Schmerz verschlimmern und die Fronten zusätzlich verhärten. Das Aussöhnen muss irgendwie auf neutralem Terrain erfolgen, damit die Vergebungsbereitschaft auf beiden Seiten steigt und somit auch der Erfolg für eine Versöhnung.

Erkennen wir indessen unseren eigenen Anteil an einer verhärteten Lage, dann begreifen wir, dass wir auch ein bisschen Täter gewesen sein könnten. Das ist gar nicht so schlecht. Seinen Anteil zu erkennen und sich dafür zu entschuldigen, hatten wir bereits im Kapitel *"Wer hat denn immer Schuld?"* Damit können wir eine Situation gut entkrampfen oder sogar eine Versöhnungslawine ins Rollen bringen. Zum Beispiel: *„Sorry, ich hätte Dich ja auch mal* *anrufen können..."* oder *„mir tut es leid, wenn ich Dir im Wege war..."* Wir müssen uns da gar nicht weit vorwagen. Auch wenn unser Anteil nicht nennenswert ist oder unsere Erklärung neutral wirkt – Hauptsache, sie ist ehrlich gemeint. Manchmal reicht bereits ein kleiner Funke, ein kleines Zeichen und der andere ist offen zum Aussöhnen.

Richtig spannend wird es jedoch, wenn wir uns in die <u>Rolle des Retters</u> begeben. Zugegebenermaßen ist das die sympathischste Rolle und sie gibt uns ja auch ein wenig Überlegenheit über Täter oder Opfer. Da können wir ganz parteilos mit unseren Kontrahenten sprechen, wirken weder überheblich noch unterlegen. Zum Beispiel: *„Hallo Herr Nachbar, möchten Sie das von neulich doch mal klären?"* oder *„Wie wäre es mit einem Kaffee, da können wir das Dilemma in Ruhe bereden..."* Das ist sicherlich eine neutrale Rolle, bei der die Gefühle nicht so ins Rollen kommen. Sie hat aber den Vorteil, dass wir weniger Gefahr laufen, verletzt oder untergebuttert zu werden. Insgesamt können hier die Gespräche sachlicher und damit respektvoller geführt werden. Daher sind sie auch bei weniger intimen Beziehungen, wie in der Nachbarschaft oder bei der Arbeit, zu empfehlen. Probieren Sie es mal.

Frieden stiften lohnt sich für unsere Beziehungen.

Wenn die Versöhnung gelingt, dürfen wir uns an einer kolossalen Gefühlswoge erfreuen – je größer der gebrochene Wall, desto mehr wird uns hier erwarten. Das gibt uns und unserem Gegenüber viel Kraft. Weiterhin sollte uns sehr bewusst werden, dass wir nachhaltig etwas Wichtiges im Leben bewegt haben, denn oft entsteht eine gestärkte Beziehung erst aus einer gelungenen Aussöhnung.

Falls ein Versuch mal nicht gleich klappt, lächeln Sie – *und warten Sie ab!*

Sie dürfen das gute Gefühl, etwas Richtiges getan zu haben, behalten und mit Recht stolz darauf sein. Das verbleibt zumindest in Ihnen, auch wenn die Aussöhnung nicht gleich große Früchte trägt. Manche Samenkörner der Versöhnung werden vermutlich doch irgendwann aufgehen. Dieser Gedanke stimmt uns doch auch schon mal versöhnlich.

Mein Tipp: Eigenliebe und Selbstakzeptanz sind wichtige Charakterzüge, die wir nicht nur bei der Versöhnung gut gebrauchen können. Alle Menschen haben Macken und Unzulänglichkeiten – interessanterweise besonders diejenigen, welche sich viel Mühe geben, sie zu verbergen. Achten Sie doch einmal auf Sprache, Gebärden, Schmuck, Kleidung, Fahrzeuge oder Behausung. Was nicht authentisch wirkt, ist meist Makulatur.

Am sinnvollsten ist es sicher, wenn wir uns gar nicht erst verstecken, sondern uns so annehmen und geben wie wir nun mal sind. Selbstakzeptanz bedeutet, authentisch zu sein. Und gestriegelte Menschen mit geraden Lebensläufen sind doch langweilig. Die können uns doch gar nicht das Wasser reichen, oder?

Selbst mein einäugiger Kater findet sich ganz normal, fängt Mäuse und rauft sich mit anderen Katern. Ob der weiß, dass er anders ist? Wir Menschen sollten uns das ebenfalls nicht komplizierter machen.

> Jede unserer vermeintlichen Schwächen wird auch einmal unsere Stärke sein (und umgekehrt...)

Das sind alles nur Eigenschaften und es kommt stets darauf an, was wir daraus machen. Wenn wir wissen, wer und was wir sind, bleiben wir entspannter und sind auch weniger anfällig für Übergriffe. Auf diese Weise sind wir sicher eher für Lösungen bereit, was uns bei Versöhnung oder auch im Umgang mit Kritik gut weiterhelfen kann.

Glutstaufe

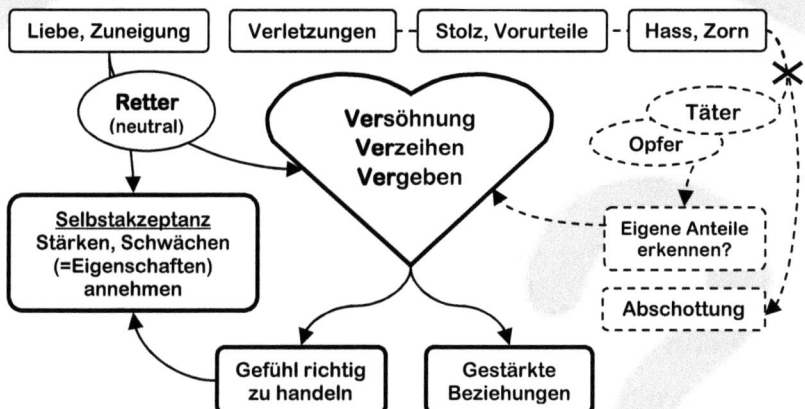

Abbildung 26: Wege des Verstehens und der Einigung.

Platz für Ihre Versöhnung:_____
_____...

26. Die wahre Liebe entdecken

Herrschaft und Liebe mögen keine Gesellschaft

Seneca, 4 v. Chr. – 65 n. Chr., zumeist glücklicher Philosoph

Beziehungen sind meist kompliziert und das wird spätestens deutlich,
> wenn sich Partner in Krisenzeiten verändern.

Hieraus ergibt sich aber auch immer eine gute Möglichkeit die Unterschiede in einer Partnerschaft wahrzunehmen und daraus zu lernen. Das ist meist besser, als Dauerstreits oder Rosenkriege. Ich glaube selten an den Nutzen von Trennungen, wenn wir es nicht wenigstens wirklich versucht haben. Nachfolgend möchte ich Ihnen ein paar Ansichten und Einsichten aus missglückten, aber auch glücklichen Beziehungen zur Verfügung stellen. Sie dürfen gerne abwägen, ob Sie etwas davon für Ihre Partnerschaft nutzen können. Das gilt vielleicht auch für eventuelle zukünftige Partner...

Wie ist es nun, das Verhältnis zwischen den Partnern in einer Beziehung? Ein Wesen kommt vielleicht vom Mars, ein anderes von der Venus und sie treffen sich hier auf der Erde, wo sie glücklich zusammen leben und sich lieben wollen. Da sie nun mal ganz unterschiedliche Vorstellungen vom Leben haben – sie stammen ja von verschiedenen Planeten – ist es kaum verwunderlich, dass das nicht immer so klappt. Gemeint sind hier natürlich wir männlichen und weiblichen Wesen. So erklärte mir das zumindest meine Frau nach unserem ersten Disput.

Da denke ich noch oft dran und da hat sich im Grunde in den vielen Jahren nichts geändert: Wir sind immer noch von unterschiedlichen Planeten, haben noch immer unse-

Glutstaufe

re Dispute und lieben uns auch immer noch... Wie können wir nun aber einen Alien, den man kaum versteht, lieben?

Schauen wir uns die Aliens kurz etwas genauer an: Kommen Sie vom Planeten Mars? Als männliches Wesen begreifen Sie sicher nicht den Schuh- und Handtaschentick der Frauen oder das Schmücken und Verzieren von Essen, Wohnungen und sich selbst? Oder sind Sie doch von der Venus? Dann verstehen Sie wahrscheinlich kaum, warum Männer Fußball, Autos und Technik so mögen? Oder warum die laufend ihre Kräfte messen müssen, balzen oder rumkrümeln?

Das weiß ich ehrlich gesagt auch nicht und habe auch nicht mehr den Anspruch, alles verstehen zu müssen. Schließlich darf das jeder sehen und machen wie er will.

Jeder hat doch so seine Ansichten und Macken.

Ich denke, wir sollten das mit dem *alles verstehen, reden oder ändern müssen* sein lassen – das bringt nichts. Über die Macken des anderen Geschlechts und des Partners im Besonderen kann viel lamentiert werden und es sind schon ein Haufen Bücher darüber geschrieben worden. Aber am Besten ist Schmunzeln oder darüber Hinwegsehen – sonst droht vielleicht der *Krieg der Welten*.

Beobachten Sie mal ältere Paare: Manche schmunzeln über die Macken der Partner, andere sehen drüber hinweg, aber viele machen dann doch den Krieg der Welten daraus. Dadurch wächst leider auch die Zahl der Kriegsdienstverweigerer und Einzelkämpfer, neudeutsch „*Singles*" genannt. Denen entgeht doch so manches – da wäre doch eine Partnerschaft mit *Schmunzeln* über die Macken des Partners gar nicht so schlecht gewesen...

Komisch ist auch, dass sich viele Menschen – egal ob nun Singles oder in einer festen Beziehung lebend – durchaus eine liebevolle Partnerschaft wünschen, aber diese nicht dauerhaft bewahren können. Warum eigentlich nicht? Gibt es nicht hinreichend viele Paare, bei denen das einmal geklappt hat? Klar gibt's die! Und von denen könnten wir doch wieder was lernen.

Intuitiv richtig machen es frisch verliebte Paare.

Verliebte haben sich lieb, wollen noch alles voneinander kennenlernen und gehen noch gut miteinander um. Da findet Mann den „Schuhtick" noch klasse, da geht Frau noch mit Elan zum Freundschaftsspiel – und das alles mit Händchenhalten (Schuhtick und Freundschaftsspiel sind nur Beispiele). Aber das wäre doch auch ein schönes Szenario – im Alter noch so miteinander umzugehen!? Schauen wir uns das noch mal vom Anfang an...

Was war zu Beginn? Verliebt sein? Das legt sich meist nach ein paar Monaten. Einander Wünsche erfüllen? Das ginge doch auch danach noch, oder? Und wie war das mit dem Verliebtsein? Das kommt meist nach einiger Zeit und ein paar erfüllten Wünschen wieder. Sie glauben das nicht? Überraschung und Freude, verbunden mit einer guten Portion Wohlwollen, erzeugen ganz ähnliche Abhängigkeiten und Nähebedürfnisse wie beim ursprünglichen Verliebtsein. Und dann weiterhin Wünsche erfüllen? Das geht dann ganz automatisch. Und so weiter... – das ist doch ein schöner Kreislauf.

Also: Wenn der Kreislauf läuft – nie unterbrechen! Sie können sich ja trotzdem respektvoll streiten, Affekte haben, mit Schuld umgehen, sich versöhnen und auch immer auf Ihre andern Kraftquellen achten... Zur Not hilft wieder viel Humor, ein gutes Gespräch und sich stets einigen zu wollen – das haben wir alles schon in den früheren Kapiteln gehört und Sie können das dort gerne nachlesen.

Genau **hier** gipfelt dieses Buch!

Das ist meine volle Absicht. Ich hoffe, Sie haben schon das eine oder andere in diesem Buch für sich erkennen können und nun ist die Liebe in der Partnerschaft einfach dran. *„Liebe ist Leben. Und wenn wir die Liebe verpassen, verpassen wir das Leben"* meint Professor „Dr. Love" Leo Buscaglia. So sehen ich und die meisten anderen Menschen, die ich kenne, das auch. Liebe, besonders zu einem Partner, ist auch sicher eine der wichtigsten Kraftquellen in unserem Leben.

Aber was machen wir, wenn's nicht mehr rund läuft? Dann können wir den Kreislauf der Liebe doch ganz behutsam wieder in Fahrt bringen. Zunächst nicht so viel schauen, was wir alles wollen oder was uns so fehlt, sondern was wir machen können und nach vorne sehen. Wünsche des Partners sollten wir erkennen oder erfragen und dann erfüllen. Zum Beispiel: Blumen oder Autozeitung schenken – alle zwei Wochen. Loben oder Komplimente machen – täglich! Zum Kino oder Essen einladen – auch alle zwei Wochen. Selbst bereinigen, was einen stört – ohne Gezeter. Fragen, was der Partner gerne Essen oder mal wieder machen will – wöchentlich...

Manche meinen, Krisen festigen Partnerschaften – gemeinsame Erlebnisse tun es aber auch!

Wenn wir nun unseren Anteil eingebracht haben, dann können wir unserem Partner natürlich auch langsam einmal klar machen, was wir wollen und ihm notfalls auf die Sprünge helfen. Also: *„Wie wär's mal wieder mit Blumen – das ist doch schon zwei Wochen her..."* oder *„ich brauch heute einfach noch ein Lob – sonst gibt's nix zu essen..."* Seien Sie kreativ und achten Sie auf eine gute Portion Humor – da kann doch keiner widerstehen.

Übrigens, wussten Sie, dass Menschen, die sehr lange und sehr warm duschen oder sonst wie viel Wärme in Ihrer Umgebung nutzen, ein großes Nähebedürfnis haben sollen? Wenn dem so ist und Sie etwas gegen die Klimaerwärmung tun wollen, dann nehmen Sie gerade solche Menschen öfter in den Arm. Und wenn Sie selbst dazu gehören, dann bitten Sie eben Ihren Partner darum. Für uns und unseren Planeten...

Zugegebenermaßen, beim anderen Geschlecht müssen wir manchmal Drachenbändiger oder Computeranalyst sein, um die Eigenheiten unserer Partner zu verstehen. Partner, und besonders Aliens sind eben schwierig. Hier geht es aber um viel mehr als wir manchmal glauben. Wir sollten beginnen größer zu denken. Wenn ich es bei einer Kontroverse mal wieder zu weit getrieben habe, versicherte mir meine Venus stets glaubhaft, dass sie bald *„den Mond zum Platzen"* bringen würde. Das kann ich doch nicht zulassen! Wer weiß, was Ihr Partner für Kräfte hat. Da sollten wir achtsam mit dem Universum umgehen.

Aber so ist das eben bei Aliens, und beim nächsten Mars oder Venus hätten wir *unsere* Probleme oft auch wieder auf dem Tisch. Vielleicht haben Sie das ja auch schon durchgemacht oder irgendwie erkannt. Also belassen wir es doch vielleicht erst einmal beim jetzigen Gefährten. Und falls Ihrer nicht gleich mitspielt oder Ihnen sogar blöd kommt – ruhig bleiben, Humor oder auch mal Affekte zeigen und wieder runter kommen.

> Wir können uns über alles aufregen –
> müssen es aber nicht.

An vielen negativen Ereignissen haben wir meistens auch wieder unseren Anteil gehabt und der Rest ist, egal wie blöd uns manches erscheint, einfach *die zarte Psyche unseres Partners.* Der kann das momentan nicht besser und wir schaffen das ja auch nicht immerzu. Manche Erkenntnisse brauchen eben Zeit und gute Vorbilder – also Sie!

Mit etwas Augenmerk wissen wir doch ganz genau, wie wir mit unserem Partner umgehen können. Was ihn hoch bringt wissen wir ja sowieso – aber eben auch, was ihn wieder runter bringt. Darauf können wir doch bauen. Diese Art der Heilung einer Partnerschaft dauert vielleicht ein wenig länger. Die Überzeugungsarbeit müssen wir auch erst einmal leisten und dabei Vorbild bleiben. Das Ganze lohnt sich aber gewiss und geht meist schneller, als eine Paartherapie oder vermeidet eine mögliche Scheidung. Immerhin überwinden wir dabei auch unsere eigenen Macken und lernen vieles über uns und unseren Partner dazu. Und wenn wir ehrlich mit uns umgehen, erkennen wir auch besser unseren eigenen Anteil an den bösen Situationen. Das hilft uns auch sicher im sonstigen Leben, notfalls in einer neuen Partnerschaft – bevor wir da wieder den gleichen Mist durchmachen...

Aber zurück zur Liebe: Wenn ihr Partner das mit den Komplimenten und den Aufmerksamkeiten etc. irgendwann einmal konnte, dann kann er das ja auch wieder lernen. Da brauchen wir vielleicht etwas Beharrlichkeit – aus der Physik wissen wir ja, dass Masse träge ist. Anfangs sollten wir sicher auch nicht gleich zuviel erwarten – aus der Chemie haben wir gelernt, dass aus Blei kein Gold zu machen ist. Und zuletzt sollten wir auch alles langsam wachsen lassen – die Biologie lehrt uns, dass aus einer kleinen Eichel eine mächtige Eiche wachsen kann. Haben Sie Geduld und freuen Sie sich auf das, was wächst.

Hüten Sie sich vor zuviel Eifersucht und ähnlichen Spielchen.

Sie kennen vielleicht den Spruch: *„Eifersucht ist eine Leidenschaft, die mit Eifer sucht, was Leiden schafft".* Meist ist die Folge von Eifersucht ein Spiel mit Macht oder Vorwürfen – dass tut keinem gut und hilft nicht weiter. Wenn Sie mit einem Eifersuchtsverdacht richtig liegen, ist es meist schon zu spät. Dann sollten Sie besser offen mit dem Thema umgehen. So können Sie wenigstens erhobenen Hauptes vom Felde schreiten. Wenn Sie dagegen mit einem Verdacht falsch liegen, was zu Beginn einer solchen Vermutung sehr wahrscheinlich ist, verjagen Sie damit aber oft Ihren Partner. Ihre Vision wird dann vielleicht wahr und meines Erachtens haben Sie das dann auch nicht besser verdient.

Wir steuern immer dahin, wo wir hin sehen (siehe Kapitel „*Lücke suchen*"). Also, statt Eifersucht können Sie auch einmal gründlich Ihre Gefühle erkunden: Fehlt Ihnen Aufmerksamkeit, Anerkennung oder mal ein Drücker? Dann seien Sie doch so sportlich zu Ihrem Partner und sagen Sie es ihm. Wenn Sie sagen, was Sie brauchen, ist das leichter zu verstehen, als *„Du bist immer weg, machst nie was mit mir, hast mich gar nicht mehr lieb, hast bestimmt eine andere..."* Da kräuseln sich bei mir die Fußnägel hoch und ich höre lieber Kreide auf der Tafel kratzen...

Ansonsten wird noch immer viel darüber lamentiert und gerangelt, wer in einer Beziehung das Sagen haben sollte. Da wir hier hoffentlich von einer gleichberechtigten „Partnerschaft" reden, sollte das eigentlich kein Thema mehr sein. Lassen Sie uns dazu doch noch einmal das einleitende Zitat von Seneca auf der Zunge zergehen: *„Herrschaft und Liebe mögen keine Gesellschaft"*. Das sagt doch eigentlich alles aus, oder?

Vielleicht doch noch eine letzte Scherzfrage: *„Wer hat in einer glücklichen Beziehung die Hosen an? Na, niemand!"* Notfalls ausprobieren (Hosen ausziehen), dann klappt's auch wieder mit der Erotik...

Ich möchte das Kapitel noch kurz zusammenfassen:

- Lassen Sie Ihren Partner wie er ist und bleiben Sie wie Sie sind. Das ist Liebe (!) und Aliens sind und bleiben ja auch liebenswert...

Glutstaufe

- Tun Sie, was Sie für gut erachten und denken Sie dabei auch an Ihren Partner – lösen Sie stets die Probleme und schaffen Sie keine Neuen.
- Sagen Sie, was Sie wollen – *nicht, was Sie nicht wollen!* Erfüllen Sie sich gegenseitigen ihre Wünsche. Fangen Sie selbst ruhig damit an.
- Seien Sie Vorbild und bleiben Sie geduldig.
- Achten Sie auf Ihre sonstigen Kraftquellen!

Wichtig: Das Vorgenannte sind alles nur Empfehlungen! Wenn Sie einen besseren Weg entdeckt haben oder ausprobieren wollen – tun Sie, was Sie für richtig erachten und erfinden oder enträtseln Sie Ihre eigene wahre Liebe, mit Ihrem Partner von der Venus, Mars oder wo der sonst so herkommen mag...

Mein Tipp: Wenn Sie einen neuen Partner kennenlernen und wissen wollen, wie er tickt, hätte ich zwei Vorschläge für Sie: Sehen Sie sich einmal die Eltern oder Familie an oder lassen sich von denen erzählen. So bekommen Sie schon mal einen Eindruck, worauf Sie sich da einlassen könnten. Achten Sie dabei weniger auf Worte, Optik oder den Schein, sondern mehr auf Ihr Bauchgefühl – ist es freundlich, wird gelacht oder ist es still, verhärtet...?
Der zweite Vorschlag kostet vielleicht etwas Überwindung: Lassen Sie ihn / sie Ihr Auto fahren und beobachten Sie den Partner im Verkehr (Klappe halten!). Dann haben Sie einen Eindruck, wie er mit fremden Dingen oder Ihnen umgehen könnte. Ob er also eher ruhig und bedächtig oder doch rasant und rücksichtslos ist. Wie es in seinem eigenen Wagen aussieht, kann auch einiges aussagen. Das geht natürlich auch bei existierenden Partnern, Kollegen oder anderen Zeitgenossen. Viel Spaß dabei!

Glutstaufe

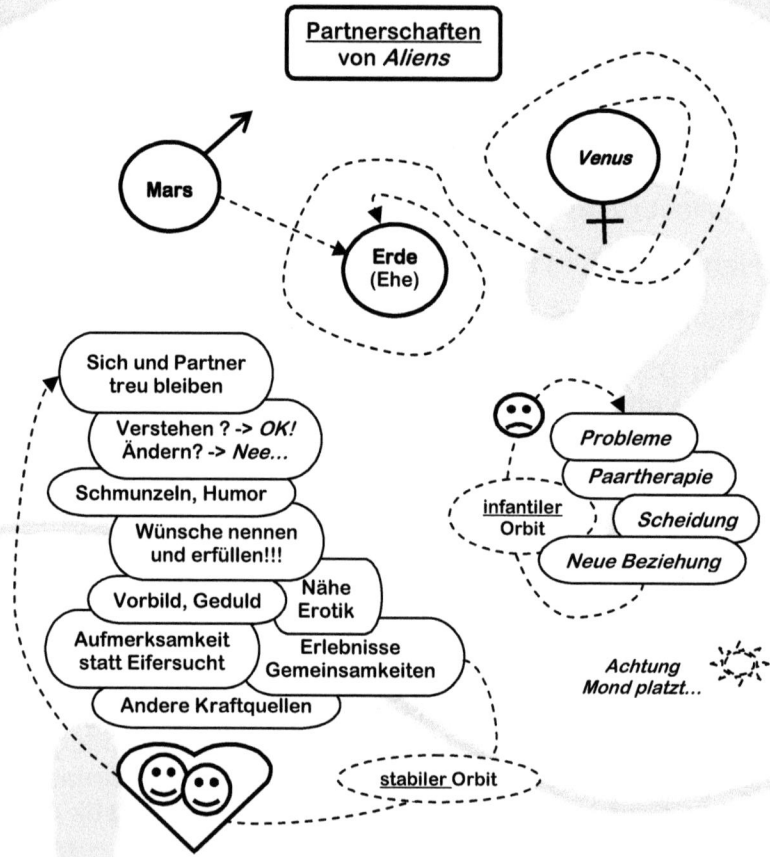

Abbildung 27: Vom Retten der Planeten und der Liebe.

Platz für Ihre wahre Liebe:_____
_____...

27. Für schlechte Tage: Die 5-Minutenregel

Der Balsam aller Schmerzen ist Geduld.

Publilius Syrus, 1. Jhd. v. Chr., römischer Mimendichter und Ex-Sklave

Wenn es mir psychisch mal nicht so gut geht und ich mich zu nichts mehr aufraffen kann, dann überwinde ich mich inzwischen auch nicht mehr. Meistens ziehe ich mich dann besser zurück und ich glaube, dass das eine ganz natürliche Verhaltensweise ist.

Die 5-Minuten-Regel:
Mittlerweile habe ich mir angewöhnt, schlechte Tage nur noch stückweise anzugehen. Ich plane quasi nur noch für die nächsten fünf Minuten. Bin ich müde, habe ich Hunger, ist mir warm, kalt, bin ich einsam...?
Das hilft mir, den Fokus auf meine Grundbedürfnisse zu legen und mich nicht weiter zu überfordern. Dann geht's gemächlich weiter und der Tag sieht am Ende meist gar nicht so schlecht aus. So überwinde ich diese Phasen auch besser und kehre schneller in den Alltag zurück.

In Diskussionen habe ich festgestellt, dass Psychologen und Betroffene einen solchen Rückzug sehr unterschiedlich bewerten. Das mag am Blickwinkel liegen. Für den Profi mag das wie eine Isolation, Niederlage oder Abschottung aussehen. Für Betroffene ist das oft etwas ganz anderes:

Ein Rückzug ist Schonung, Auszeit oder Ruhephase.

Es gibt Dinge, die sehen viele Menschen anders, wenn sie sie selbst erlebt haben. Vielleicht kennen Sie das ja auch schon. Wie auch immer Sie persönlich ein Tief erleben – ich hoffe es ist eher etwas Vorübergehendes und Sie spüren, dass dies bald wieder vorbei geht. Ich glaube, dass es wichtig ist, solche Tiefs als *Phase* zu begreifen, wie z.B. eine Erkältung, die auch vorbei geht.

Übrigens funktioniert diese 5-Minuten-Regel nicht nur bei Depressionen und Erkältungen ausgezeichnet. Wer angefangen hat nach dieser Devise zu handeln, wird schnell feststellen, dass dies eine wunderbare **Methode zur Entscheidungsfindung und Entschleunigung** ist. Die 5-Minuten-Regel bringt uns bei der Entscheidungsfindung näher an unsere tieferen Bedürfnisse. Und sie entschleunigt, indem sie uns schützt, zu vielen Dingen gleichzeitig nachzugehen. Probieren Sie es aus: Schauen Sie in sich hinein, und tun Sie für einige Zeit nur, was Ihnen für die jeweils nächsten 5 Minuten wichtig erscheint.

Mein Tipp: Wenn es Ihnen öfter seelisch oder körperlich nicht so gut geht, dann überlegen Sie doch auch einmal in einem ruhigen Moment, welche „*Frühwarnzeichen*" es gab und was Ihnen beim letzten Mal gut getan hat.
<u>Machen Sie sich einen kurzen Plan, eine Liste</u> und schreiben Sie sich das auf, was Ihnen schon mal half. Notieren Sie sich auch, wen Sie notfalls kontaktieren möchten. Einen Vertrauten zu haben ist immer gut und es hilft, wenn er weiß, dass er eventuell mal angerufen wird. Und wenn Sie so eine Liste nur in der Tasche haben – es kann ungemein beruhigend sein.

Glutstaufe

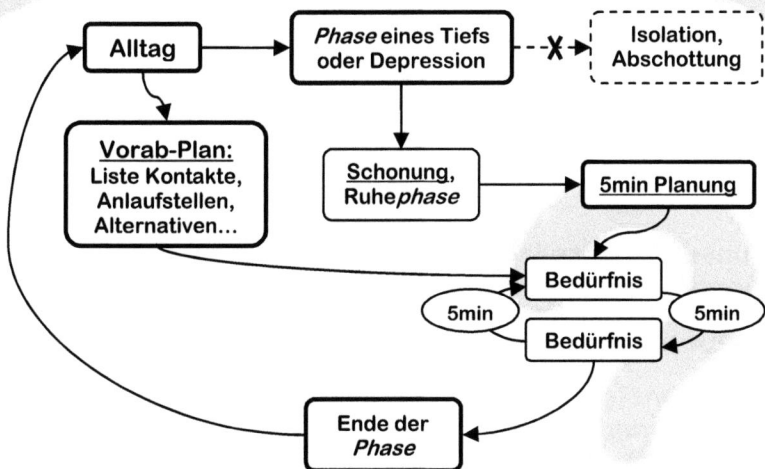

Abbildung 28: Überstehen schlechter Tage und Entschleunigen des Lebens.

Platz für Ihre Schonung:_____
_____ ...

28. Die Selbsthilfe Gesellschaft

Erfahrung weiß viel mehr als die Propheten

Phädrus, um 40 n. Chr., antiker Fabel- und Versdichter aus Makedonien

In unserer Gesellschaft treffen wir immer wieder auf Gruppen. Lassen Sie uns daher in diesem Kapitel

Leben und Spielregeln von Gruppen betrachten.

Es ist ganz gleich, ob wir hier von Selbsthilfegruppen, Vereinen, der Familie, Meetings, Sitzungen, Schulungen, Klassen etc. reden – das sind doch im Grunde immer Zusammenschlüsse von Menschen oder einer *„Sippe"*, wie ich das gerne nenne. Sehr vergleichbar sind auch deren Motive, Regeln und Abläufe – Sie werden sehen.

Es geht meist primär um das Treffen Gleichgesinnter (hoffentlich), die möglichst effektiv ihre Belange, Erfahrungen, Fragen oder ähnliches austauschen wollen, um damit zu neuen Erkenntnissen zu kommen. Das ist mal mehr oder weniger strukturiert – so kenne ich das zumeist.

Sie selbst haben natürlich auch Ihre Anliegen und Wünsche, sonst würden Sie ja nicht dahingehen. Machen Sie sich diese ruhig immer mal wieder klar und wirken Sie darauf hin, damit diese auch erfüllt werden können. Sonst suchen Sie sich eine passende Gruppe. Bei Familie und Arbeit ist das natürlich etwas schwieriger, aber auch da können Sie zumindest darauf achten.

Dann gibt es alle möglichen Konfigurationen und Abläufe, aber stets auch zwei wichtige Nebenbedingungen, die nicht vernachlässigt werden sollten: Zum einen das Thema *„Schutz"*: Niemand will an Leib oder Seele verletzt werden, und zum anderen *„Spaß"*: Jeder möchte sich wohlfühlen und freuen. Daher:

Achten wir auf „*Schutz*" und „*Spaß*" bei den Treffen.

Vielleicht sollten wir diese sogar in der Zielhierarchie nach oben stellen, denn dann klappt das Primäre häufig viel besser oder ganz automatisch. So mache ich das inzwischen bei allen möglichen Gruppen recht erfolgreich, wir arbeiten sehr vertrauensvoll zusammen und haben viel Spaß dabei.

Denken Sie ruhig darüber nach, wie Ihre Familientreffen, Arbeitssitzungen, Vereins- oder Eigentümerversammlungen verlaufen. Könnte das oben Beschriebene für Sie und Ihr Umfeld passen oder sollte es da besser laufen? Dann kommen gleich ein paar praxiserprobte Tipps, wie Sie dem ein wenig näher kommen können. Falls Sie sich fragen, wann es denn endlich zu den Selbsthilfegruppen geht – wir sind schon mitten dabei.

Jede Gruppe von Menschen könnte das leisten, was eine Selbsthilfegruppe auch tut.

Es ist eine Ansammlung von Gleichgesinnten, mit denen Sie sich vertrauensvoll austauschen, Fragen und Probleme erörtern und zu Erkenntnissen und Lösungsvorschlägen kommen können. Wie das geht, will ich Ihnen jetzt gleich erläutern.

Das Expertentum von Selbstbetroffenen und der unbefangene, diskrete Umgang mit der eigenen Problematik sind natürlich eine Besonderheit von Selbsthilfegruppen, auf die ich am Ende noch ausreichend eingehen werde.
Nun ein paar Vorschläge zum Umgang in einer Gruppe, die sich im Laufe von Meetings, Treffen und Schulungen stets gut bewährt haben:

1, Regel: Gutes Benehmen. Dabei geht es vor allem darum, dass sich jeder nach Kräften um ein gutes Zusammenleben bemüht. Dies in einer Gruppe verständlich zu ma-

chen und zu erreichen, ist für ein angenehmes Klima unumgänglich. Manchmal kann/muss man wirklich erwähnen, dass selbstverständlich auch Pünktlichkeit, Respekt, Handy aus, Ausreden lassen, auf den Punkt zu kommen, Handzeichen geben statt dazwischen zu quatschen etc. dazugehören. Aber im Grunde hat jeder ein Gefühl dafür, wann er sich daneben benimmt. Für gute Manieren haben selbst Kinder schon ein recht gutes Bauchgefühl. Erläutern Sie das notfalls den „erwachsenen" Teilnehmern.
Der Nutzen für diese Regel wird schnell klar: Es läuft ruhiger und gesitteter. Es kommt auch zu besseren Ergebnissen, da sich auch leise Stimmen öfter zu Wort melden, dadurch mehr Optionen auf den Tisch kommen und schneller ein Konsens gefunden wird. Und selbst Störenfriede sind schnell unterlegen und lassen sich gemeinschaftlich leichter zur Ruhe ermahnen. Damit ist dem Schutz der Teilnehmer meist schon genüge getan und mehr Spaß kommt auch auf.
Im Übrigen ersetzt diese Regel meist so 5-50 Gruppenregeln, Satzungs- oder Hausordnungspunkte etc. Sehen Sie dies daher auch als kleinen Beitrag zur Deregulierung Deutschlands.

2, Regel: Ungeteilte Aufmerksamkeit. Es ist wichtig, dass die Teilnehmer ein Treffen ernst nehmen sowie selbst ernst genommen werden. Klären Sie die Erwartungen und Befürchtungen der Teilnehmer am Beginn jedes Treffens. Passen Sie dann gegebenenfalls die Tagesordnung an. Jeder hat dann mitgewirkt und weiß Bescheid, was ihn bei dem Treffen erwartet. Störenfriede oder Schläfer sollten Sie notfalls freundlich herauskomplimentieren. Hören Sie auf Ihre Intuition und seien Sie kreativ.
Machen Sie auch ausreichend Pausen – Sie wissen ja: „Man kann über alles reden, nur nicht über eine Stunde!" Dann sollten nicht mehr als 5-10 Minuten Pause gemacht werden. Ich gebe notfalls jemandem aus der ersten Reihe eine Stoppuhr mit Klingel – Arbeitsteilung sozusagen. In

der Pause können die Handys wieder benutzt werden und dann geht's pünktlich weiter.

3. Die Moderation sollte klar geregelt sein. Einer muss den Hut aufhaben und bei Durchsetzungsproblemen hilft statt Willensstärke auch schon mal eine *Trillerpfeife*. Sie haben schon beim ersten Pfiff ganz schnell die volle Aufmerksamkeit. So kriegen Sie auch die schwierigsten Gruppen rasch in den Griff. Dann still sein, in die verblüfften Gesichter schauen und sich lächelnd bedanken.
Sagen Sie, was Sie vorhaben und warum. Orientieren Sie sich vielleicht an den Regeln dieses Kapitels. Behalten Sie dabei Ihre Geduld und Ruhe. Wenn es mit Fingerspitzengefühl nicht geht, dann holen Sie die Trillerpfeife raus – lächeln nicht vergessen, das klappt immer.
Als Moderator haben Sie das Vergnügen, den Hut aufzuhaben und die Gruppe wird Ihnen folgen (müssen). Bei Veränderungen ist eine eingefahrene Masse bisweilen träge. Da geht ein Samenkorn manchmal auch erst bei späteren Meetings auf – wichtig ist, dass es gesetzt wurde. Da heißt es zuweilen Geduld haben, konsequent bleiben und öfter mal freundlich das Ziel klar machen.
Wenn Sie *nicht* der Moderator sind, aber das Beschriebene auch wichtig finden, dann erwähnen Sie beharrlich die Dinge, die Sie haben wollen und nennen den zu erwartenden Nutzen. Haben Sie noch mehr Geduld – manche Führung ist oft noch träger, als die Masse.

4. Abläufe bei Selbsthilfegruppen: Hier hat sich ein so genanntes *„Blitzlicht"* am Anfang und Ende eines Treffens bewährt. Die Teilnehmer berichten kurz der Reihe nach, wie sie sich fühlen und ob sie ein aktuelles Thema haben. Größter Kardinalfehler bei Selbsthilfegruppen ist ein unendliches Blitzlicht – dann kommt der Letzte zu kurz sowie eine öde Stimmung auf und viel Energie geht verloren.
Im Blitzlicht ist es sicher besser, sich seiner Gefühle bewusst zu werden und diese klar auszudrücken, statt zu

sagen: „*Mir geht es gut*" (das ist eh kein Gefühl) und den ganzen letzten Wochenablauf zu beschreiben. Also: „*Ich bin müde, erschöpft, sauer, verliebt, glücklich...*" Das verbunden mit der Angabe eventueller Gründe bringt viel mehr Verstehen füreinander. Da macht vielleicht nicht jeder gleich mit, aber Sie wissen ja: *das Samenkorn...*
Als nächstes sollte eine Themenauswahl der Teilnehmer erfolgen und diese klar abgestimmt werden. Dringendes sollte immer Vorrang haben. Mit einer kurzen Feedbackrunde kann ein Thema dann meist gut abgeschlossen werden. Aufpassen, dass keine neue Diskussion entsteht und auch mal Pausen gemacht werden.
Der Schutz der Mitglieder und die Vertraulichkeit der besprochenen Themen müssen natürlich in Selbsthilfegruppen sehr viel höher angesetzt werden als bei anderen Treffen und Gruppen.
Beim Abschlussblitzlicht ist es ähnlich wie am Anfang: „*Wie geht's euch jetzt, was nehmt ihr mit...?*" Jede Gruppe entwickelt da meist schnell ihre eigene Kultur, Regeln, Abläufe etc.

Jede Gruppe hat so ihre Stärken und Schwächen.

Die guten Eigenschaften sollten wir nutzen (Motivation, Engagement, Kreativität, Persönlichkeiten etc.), wogegen wir die schlechten Eigenschaften im Auge behalten sollten und wo immer möglich, daraus lernen können. Eine gute Frage dazu lautet: „*Was hättet ihr anders haben wollen?*" Da liegt die Antwort schon in der Frage. Ansonsten kann es wie in einer Apfelkiste werden, wo schon ein einziger fauler Apfel genügt, um alle anderen Äpfel zu verderben.

Wenn Sie wissen wollen, wie Sie Gruppen am einfachsten stärken, suchen Sie zunächst nach dem schwächsten Glied. Und, das wird Sie vielleicht verwundern:

Das schwächste Glied ist meist das Lauteste.

Glutstaufe

Der stört oft am meisten und dem sollten Sie notfalls mal Einhalt gebieten, damit die Anderen ausreichend zu Wort kommen. Aber nicht alleine – Sie könnten ja auch falsch liegen. Das geht am besten, indem man zum Beispiel der Reihe rum in einer kurzen Meinungsrunde sagen lässt, was beim Treffen erwartet wird und was nicht erwünscht ist. Das schafft Klarheit, was gewollt ist – auch für Sie. Damit haben Sie aber auch die Querköpfe meist schon bei den Hörnern und können jovial auf die Gruppenmeinung zurückgreifen. Dann entfaltet sich eine Gruppe meist schon besser und bei Bedarf können Sie das sooft wiederholen, bis es optimal läuft.

Es ist wichtig, dass sich alle in einem Boot fühlen.

Da können wir gut vom Katastrophenschutz lernen: Oberstes Ziel ist bei denen nicht das Retten, sondern darauf zu achten, dass keiner der eigenen Leute untergeht oder zu Schaden kommt. Diese Devise eines Freundes vom THW hat mich beeindruckt und so habe ich sie mir auch verinnerlicht.

Das Gemeinschaftsgefühl ist besonders bei Selbsthilfegruppen sehr wichtig. Vielen Menschen fällt es dort zunächst auch leichter sich zu öffnen, als bei Ärzten und Therapeuten. Das liegt zumeist daran, dass sich in Selbsthilfegruppen niemand großartig erklären muss und Selbstbetroffene ein gutes Gespür füreinander haben. Lösungsvorschläge sind meist pragmatisch, aber erprobt, und durch die Vielfalt der Gruppe sind die Meinungen oft weiter gestreut, als bei einem Einzelgespräch.

Dagegen muss man sich zuweilen Ärzten, Therapeuten und Gutachtern immer wieder neu erklären, auch wenn man diese manchmal gerade erst 5 Minuten kennt und das ist für viele wie ein Seelenstriptease. Versuchen Sie einmal einem Arzt einen Zusammenbruch zu erklären, den Sie selbst nicht verstehen und den er auch noch nicht gehabt hat. Das können Betroffene bei sensiblen psychischen Erkrankungen wie zum Beispiel Burnout- und Depressionen besser leisten. Ein hartes Beispiel, aber stellen Sie sich vor, man hätte Ihnen oder jemandem Gewalt angetan – da können Betroffene in einer Selbsthilfegruppe oft einfühlsamer sein und anders darüber sprechen.

Eine Möglichkeit Selbsthilfegruppen in Deutschland zu finden ist bei:

NAKOS.de - Nationale Kontakt- und Informationsstelle zur Anregung und Unterstützung von Selbsthilfegruppen

Dort finden Sie Gruppen in Ihrer Nähe und wenn möglich, helfen die Mitarbeiter auch bei Neugründungen. Sie sagen Ihnen, wo es bereits Räumlichkeiten gibt, unterstützen beim Infoaustausch und fungieren als Schnittstelle für neue Mitglieder etc. Die haben auch ein schönes Motto: *"Nur Du alleine schaffst es, aber Du schaffst es nicht allein!"* (von M.L. Moeller).

Trotzdem sind Selbsthilfegruppen oft nur eine Ergänzung zu psychisch- medizinischen Behandlungen. Therapeuten haben andere Qualitäten und vielfältigere Möglichkeiten, die Selbsthilfegruppen nicht besitzen. Was einem gut tut, muss jeder selbst für sich herausfinden und da gilt es, manchmal einiges auszuprobieren, dran zu bleiben und viel Geduld zu haben. Und wieder kann ich nur sagen: *„Zeit spielt keine Rolle!"*

Mein Tipp: Wenn Sie neu in eine Gruppe kommen, dann lassen Sie es sachte angehen. Schauen Sie sich alles in Ruhe an, seien Sie rechtzeitig da, sagen und machen Sie nur, was Sie wirklich wollen etc. Der Grund hierfür ist simpel: *Sie überfordern weder sich, noch die Gruppe*. So schützen Sie sich vor unüberlegten Handlungen oder Äußerungen und können eine Gruppe auch besser wahrnehmen. Sie werden trotzdem und vielleicht sogar besser in eine Gruppe hineinwachsen und geben ihr die Chance so zu sein, wie sie ohne Sie wäre.

Überlegen Sie sich vorab, was Sie von der Gruppe bzw. den Sitzungen erwarten und was Sie befürchten. Sagen Sie dies ruhig, sofern es erwünscht ist, damit jeder Ihre Motive besser versteht. Ansonsten haben Sie das wenigstens für sich geklärt.

In einer neuen Gruppe sollten Sie mit eigenen Themen warten, bis Sie wissen, wie die Gruppe tickt.

Eine Gruppe ist auch nicht bei jedem Treffen gleich. Je nach Zusammensetzung, Themen, Tagesform der Leute etc. läuft es mal besser und mal schlechter, mal ruhig, mal heiter oder turbulent. Durch Vielfalt und Dramatik wird es in guten Gruppen nie langweilig. Da sollten Sie also eine Gruppe bestimmt 2-3mal besuchen, bevor Sie sich ein Urteil erlauben. Haben Sie Geduld – dann klappt's auch mit der Sippe.

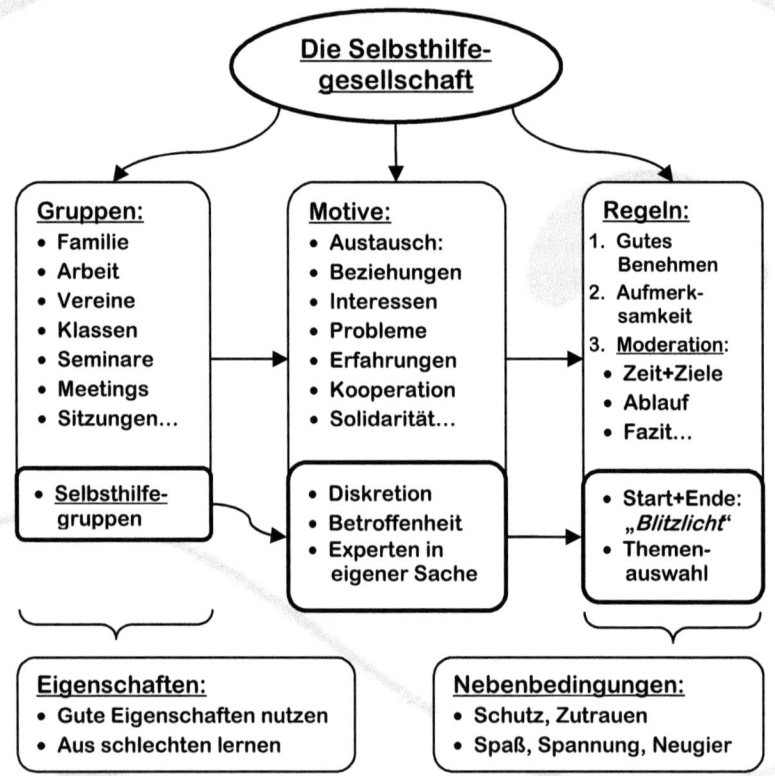

Abbildung 29: Gruppen und Selbsthilfegruppen in unserer Gesellschaft.

Platz für Ihre Gesellschaft:_____
_____...

29. Fernweh, Heimweh, Fußweh

Die Einstellung musst du ändern, nicht deinen Aufenthaltsort

Seneca, 4 v. Chr. – 65 n. Chr., römischer Multimillionär und Philosoph

Fast am Ende dieses Buches möchte ich mit Ihnen noch ferne Länder, Regionen und Kulturen betrachten. Keine Bange, es folgt kein Reiseratgeber oder ähnliches. Doch fremde Kulturen und Umgebungen haben schon viel mit unserer Wahrnehmung, unserer Bedürfnisbefriedigung und selbstverständlich auch mit dem sprichwörtlichen *„Blick über unseren eigenen Tellerrand"* zu tun.

Bestimmt sind die meisten Leser von ihnen schon einmal gereist, waren vielleicht auch schon weiter oder länger weg, und haben neue Erfahrungen gesammelt. Dabei gibt es manchmal ein paar Erwartungen, die sich dann doch nicht erfüllen. Zum einen denken viele, woanders ginge es ihnen besser und sie müssten daher von zu Haus weg – das klappt leider nicht immer wie erwartet. Und zum anderen sollten wir uns, wenn wir uns woanders aufhalten, gut an die jeweilige Umwelt anpassen – dann klappt es dort besser. Ich habe da so meine Erfahrungen gemacht...

Eine Reise ist doch was Tolles.

Wir bekommen frische Eindrücke, lernen neue Leute kennen. Land, Kultur und Klima sind anders und so mancher würde gerne dort bleiben. Ist das so und können wir woanders wirklich glücklicher werden?

Konfuzius sagt: *„Wann immer wir etwas drei Wochen machen, wird es Gewohnheit"*. Von Psychologen werden dafür auch schon mal drei Monate genannt. Meist sind wir aber nicht so lange an einem fremden Ort und lernen ihn dadurch gar nicht richtig kennen. Mal wirken Land und

Glutstaufe

Leute zunächst noch sehr erfrischend. Vielleicht, weil wir die Abwechslung von zu Hause genießen oder sich unsere Gastgeber von der besten Seite zeigen. Manchmal sind die Kulturen aber auch wirklich so wundervoll, dass sie uns verzaubern können. Hier und da gibt es aber auch Unterschiede zwischen Anschein und wahrem Wesen eines Landes. Wie können wir zwischen Schein und Sein unterscheiden?

Dafür sollten wir zunächst trennen: Machen wir nur Urlaub, wollen uns erholen und bezaubern lassen, oder

wollen wir tiefer eintauchen in fremde Kulturen?

Also eher Neues kennenlernen und uns weiter entwickeln? Das macht einen Unterschied und hilft uns, ein wenig klarer über unsere Zielrichtung zu werden. Das schadet sicher nichts.

Urlaub als Erholung oder Abwechslung zu begreifen und so zu genießen, ist etwas Feines, hat aber nichts mit dem wirklichen Kennenlernen von Kulturen, Land und Leuten zu tun. Selbst mit Handbuch oder Fremdenführer lernen wir meist nur Zahlen, Daten und Fakten. Den wahren Charakter eines Landes und besonders dessen Leute erblicken wir aber oft nur oberflächlich.

Da müssen wir schon tiefer eintauchen und unter die Leute gehen. Dabei ist es egal, ob wir das in deren Land machen oder erst einmal hier zu Hause. Das meine ich so: Fremde Kulturen lernen wir am besten im Kontakt mit fremden Menschen kennen und die finden wir bereits vor unserer Haustür.

Kennen Sie Ihre Nachbarn?

Egal ob Schwabe oder Hanseat, Italiener oder Türke – die Lebenskultur nehmen alle Menschen mit und teilen Sie oft gerne mit uns. Auch ein gutes Gespräch in einem entsprechenden Restaurant, außerhalb der Hauptgeschäftszeiten natürlich, kann uns mehr über Land und Leute verraten als ein zweiwöchiger Urlaub. Eine gute Ergänzung ist das allemal.

Wann immer Sie in ein fremdes Land gehen und es besser kennenlernen wollen, möchte ich Ihnen folgenden Spruch ans Herz legen:

„*When in Rome, do like the Romans!*"

Also: *Wenn Du in Rom bist, mach's wie die Römer...* Versuchen wir uns doch so zu kleiden und zu verhalten, wie wir glauben, dass es die Einheimischen gerade tun oder wie es denen angenehm wäre. Südeuropäer kleiden sich beispielsweise deutlich eleganter als „*wir*" – also nix mit Turnschuhen oder Sandalen. Asiaten sind überaus höflich und respektvoll, Engländer (ohne Guinness) dagegen eher zugeknöpft, Amis deutlich lockerer etc. Achten Sie einmal darauf und machen Sie Ihre eigenen Beobachtungen.

Es macht auch deutliche Unterschiede, wo wir hingehen und wen wir treffen werden. Ob wir also eine Stadt oder das Land besuchen, in welche Region es geht oder auch welcher Generation die Menschen angehören, die wir treffen. So ist es ja auch in unserem eigenen Land, unseren Städten oder Dörfern etc. Mit etwas Zurückhaltung, Beobachtungsgabe und respektvollem Befragen kommen wir in jedem Land und jeder Kultur weiter. Das möchte ich Ihnen in ihr Reisegepäck legen. Sie werden es hoffentlich gut gebrauchen können...

Wenn Sie dann neue Länder erkunden wollen, sind Pauschalreisen und diverse Reiseführer sicher ein guter Anfang. Bei Interesse können Sie dort auch in einheimische Regionen abtauchen. Nehmen Sie aber lokale Gefahren ernst und meiden Sie diese! Bewegen Sie sich viel, ob nun zu Fuß, mit dem Bus, Taxi, Mietwagen oder eigenem Fahrzeug – je nachdem, was möglich und auch sicher ist. In den *„Öffentlichen"* können Sie Leute jedoch gut beobachten aber auch viele Taxifahrer sind sehr gesprächig.

Die beste Möglichkeit, eine Stadt oder Region kennenzulernen, ist natürlich zu Fuß.

Das ist zwar noch langsamer und mühseliger als mit dem Fahrzeug, bietet aber den Vorteil der besseren Wahrnehmung von Umwelt und Leuten – so kommen Sie besser mit denen in Kontakt. Viele Empfindungen sind dann nachhaltiger, und wenn es sich dabei nur um das Fußweh oder einen Muskelkater handelt. Der Lohn für die Anstrengungen ist sicherlich auch ein sehr geruhsamer Schlaf.

Unterhalten Sie sich viel mit der Bevölkerung, fragen Sie nach Wegen oder Tipps und übernachten Sie auch mal in lokalen Unterkünften. Abends, wenn die Touristenbusse weg sind, verändern sich viele Orte sehr zum Angenehmen. In dieser Zeit können Sie viel mehr erleben und erfahrungsgemäß sind die Einheimischen auch überaus interessiert einmal etwas von Ihren Erlebnissen zu hören.

Besuchen Sie die Gaststätten der *„Eingeborenen"*. Probieren Sie lokale Speisen und wählen Sie lieber den Landwein oder regionales Bier – je nachdem, was örtlich bevorzugt wird. Das kommt gut an, ist frischer und passt meist auch besser zu den örtlichen Speisen. Fragen Sie nach Empfehlungen der Wirte oder Köche. In einigen Ländern, wie Griechenland, dürfen Sie schon mal in die Küche schauen und man zeigt Ihnen, was es gerade gibt.

Schlagen Sie möglichst nie ein Angebot aus.

Die einzige Ausnahme würde ich bei „harten" Getränken machen. Zuviel Alkohol vernebelt die Sinne und verleitet vielleicht zu Dummheiten oder schlechten Manieren, was Sie später möglicherweise bereuen. Ich habe mir daher angewöhnt, notfalls ein „Leberleiden" vorzuschieben – das versteht dann plötzlich jeder. Ähnlich können Sie ja bei zuviel Süßem, Fetten oder anderen Speisen, die Sie partout nicht vertragen, vorgehen.

Sollten Sie dienstlich andere Länder aufsuchen, ist das eine klasse Art, Land und Leute von einer anderen, meist sehr intensiven Seite kennenzulernen. Sehr lange Reisen oder das Übersiedeln überlegen Sie sich aber bitte sehr gut. Sprechen Sie mit Kollegen, die bereits wieder zurück sind, und profitieren Sie von deren Erfahrungen.

Für den Fall, dass Sie einen längeren Aufenthalt planen: Wenn Sie Land und Leute gut kennengelernt und dort vielleicht auch schon gearbeitet haben, fällt eine Entscheidung sicher leichter. Dann wird auch deutlich, ob Sie einen anderen Ort wirklich mögen – oder nur die Vorstellung von ihm. Und wenn es doch noch nicht klar ist, sollten Sie vielleicht noch ein wenig abwarten und weiter Land und Leute kennenlernen...

Planen Sie auszureisen, gilt es außerdem zu klären, ob Sie vor etwas weglaufen oder auf etwas Bestimmtes zu. Letzteres ist sicherlich günstiger. An fremden Orten werden wir selbst nämlich auch nicht wesentlich anders sein als zu Hause. Ein altes Sprichwort behauptet: *„Dein eigenes „Ich" holt Dich überall ein."* Da sollte besser jeder mit sich im Reinen sein, bevor er so große Änderungen in seinem Leben beabsichtigt.

Wenige Menschen wollen dauerhaft woanders sein.

Nicht nur beim Reisen ist das häufig so: *„Hast Du „A", willst Du „B", hast Du „B" willst Du „C" und hast Du endlich „C", dann geht das wieder von vorne los..."* Vielleicht sehen Sie das ähnlich. Ich denke: Je mehr wir Menschen gereist oder gewandert sind, desto mehr werden wir auch wieder unser zu Hause schätzen. Oftmals genügen schon einige kleine Erinnerungen an unsere Erlebnisse, um uns wieder wohl in unserer Haut und unserem Heim zu fühlen.

Glutstaufe

Und diese Erinnerungen sind meist noch da, wenn unsere Füßen gar nicht mehr weh tun...

Mein Tipp: Gerade im Ausland oder bei Ausländern in unserem Land sollten wir auf gute Manieren achten. Warum nicht als Vorbild für unser Land fungieren? Da erachte ich die drei Regeln für gute Gespräche wieder als überaus wichtig: Respekt und Wertschätzung, gleiche Augenhöhe und auf die eigenen Bedürfnisse achten (siehe Kapitel *„Das gute Gespräch"*). Wir sind schließlich selbst auch Ausländer – in fast jedem Land dieser Erde...

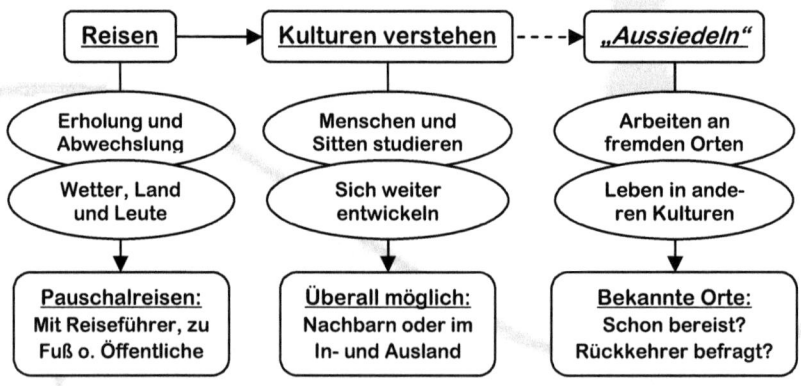

Sonstige Empfehlungen:
- Viel nachfragen, offen sein und gut beobachten
- Kleidung und Verhalten den Ansässigen anpassen
- Zurückhaltung und gute Manieren lohnen sich

<u>Abbildung 30:</u> Vom Reisen & Verstehen fremder Kulturen.

Platz für Ihr Fernweh:_____
_____ ...

30. Und nach der *Glutstaufe* – die Zukunft

Man muss nicht nur sehen, woher die Dinge kommen, sondern wohl auch wohin sie gehen.

Seneca, 4 v. Chr. – 65 n. Chr., sein Papa war Rhetoriker aus Spanien

Sind Krisen nun eine Verfluchung oder ein Gottesgeschenk? Wenn wir Krisen durchleben, egal ob kleine oder große, geht es uns dabei selten gut – also ein Fluch? Mich haben schlechte Zeiten immer nachdenklich gemacht und ich bin verändert aus Ihnen hervorgekommen. Sicher nicht immer wie ein Phönix aus der Asche, aber doch ein wenig mehr ich selbst. Also doch ein Geschenk?

Ich glaube, dass es im Grunde jedem ähnlich geht; je größer die Krise, desto größer zunächst der Fluch – umso größer ist aber auch die Veränderung und damit letztendlich das Geschenk. Krisen müssen wir deshalb noch lange nicht mögen, provozieren schon gar nicht. Aber den Teil mit dem Geschenk können wir doch bewusst annehmen und etwas daraus machen. Oder?

Demütig und etwas weise scheinen viele Menschen zu werden, sobald sie

> durch Krisen den Sinn und Wert
> des Lebens begreifen lernen.

Dabei glaube ich, dass jeder von uns diese Weisheit bereits in sich trägt – nur übersehen wir sie regelmäßig. Mehr Klarheit könnten Ihnen dabei ein paar Fragen aus John Izzo´s Buch *„Die fünf Geheimnisse..."* verschaffen. Möglicherweise machen Sie sich damit - auch ohne Krise - ein wunderbares Geschenk und werden sogar ganz plötzlich ein wenig weise. Schauen wir mal...

1. <u>Was würden Sie tun, wenn Sie nur noch sechs Monate zu leben haben?</u> Ich hoffe, das wirft Sie jetzt nicht aus der Bahn. Denken Sie ruhig ein paar Minuten darüber nach. Nun, es sind wahrscheinlich nicht die Sachen, die Sie sonst für wichtig erachtet hätten oder die Sie heute früh ursprünglich vorhatten, oder? Überlegen Sie sich Ihre Antwort, bevor Sie zur zweiten Frage übergehen:

2. Da Sie vermutlich nicht wissen, wie lange Sie noch zu leben haben – <u>warum tun Sie die Dinge aus der ersten Frage nicht jetzt schon?</u> Wenn etwas wirklich wichtig ist, warum tun wir es nicht gleich, sondern lassen uns immer wieder von Unwichtigem ablenken? Falls Ihnen jetzt etwas Wichtiges in den Sinn kommt: Legen Sie ruhig das Buch zur Seite und tun Sie, was Ihnen wichtig ist – das Buch und alles andere kann warten!

3. Wenn Sie soweit sind, kommt jetzt die letzte Frage: Wenn Sie nun ein schönes langes Leben gehabt hätten, <u>worauf wollen Sie zurück blicken</u>?

Führen Sie sich das einmal in Ruhe vor Augen und überlegen Sie vielleicht, wie Sie das jetzt schon in Ihr Leben einfügen können.

Auch die Betrachtung der dritten Frage führt Sie sicher zu ähnlichen Überlegungen wie die ersten beiden Fragen. Es ist sicher wieder nicht, was Sie heute früh eigentlich vorhatten, oder? Ich nehme an, dass es sich bei Ihren Antworten jeweils um etwas nachhaltigere Dinge handelte. Wie wollen Sie mit sich und Ihrer Umwelt umgehen? Was wollen Sie noch tun und erleben? Was wollen Sie hinterlassen? Mit einem derartig geweiteten Blick scheint doch alles anders, aber irgendwie schlüssig und miteinander verbunden zu sein. Jemand sagte *einmal „Wir sind ein Teil eines großen Ganzen..."*

Irgendwann werden wir aber auch gehen müssen und ich mag die Vorstellung, dass wir gehen, wie wir zuvor gelebt haben. Unsere Gedanken und Lebensweisen werden sich sicher voneinander unterscheiden, aber vieles davon wird noch Bestand haben, wenn wir nicht mehr sind und in anderen weiterleben. Das ist vielleicht auch so etwas wie *Unsterblichkeit* oder das *Leben nach dem Tod.* Wer weiß das schon?

Sind wir also doch ganz plötzlich etwas weise geworden? Ich würde es uns wünschen. Dazu gibt es auch zwei schöne Sinnsprüche von den großartigen Humanisten und Freunden Albert Schweitzer und Albert Einstein, die ich sinngemäß zitieren möchte. Schweitzer meinte: *„Es ist nicht wichtig, welche Wege wir gehen, sondern, dass wir dabei Spuren hinterlassen"* und Einstein sagte:

„Nicht erfolgreich, sondern wertvoll sollst Du sein."

Der Alltag holt uns alle viel zu schnell ein und wir vergessen wieder, was uns im Grunde wichtig war. Es lohnt sich aber trotzdem, öfter einmal auf unsere Visionen zu achten und diese wieder aufzugreifen. Jeden Tag im Einklang mit dem zu sein, was für uns wichtig ist – dass macht unser Leben wertvoll und uns alle ein wenig weise...

Wenn wir unsere Visionen im Leben voranstellen, werden andere Dinge, die uns darüber hinaus sehr bedeutsam erscheinen, ganz automatisch folgen:

Zufriedenheit, Selbstbewusstsein, Sicherheit, Liebe, Anerkennung, Kontakte, Aufmerksamkeit, Erfüllung, Ruhe, Selbstverwirklichung, Erfolg, Wohlbefinden...

Ein Vorschlag hierzu: Machen Sie sich Ihre Visionen immer wieder deutlich und stellen Sie diese in Ihrem Leben möglichst weit vorne an. So bleiben Sie sich stets treu und leben im Einklang mit sich selbst. *„Werde, der Du bist"* sagten schon Sokrates, Nietzsche und Kant – da muss doch etwas dran sein.

Glutstaufe

Mein Tipp: Wollen wir glücklich und zufrieden sein, müssen wir bewusst zu leben lernen. Das bedeutet für mich: Mit viel Achtsamkeit durchs Leben zu gehen und stets das zu machen, was mir wirklich wichtig, richtig und angemessen erscheint. Dann muss ich auch nichts fürchten oder bereuen.

Mit Mark Aurels heroischen Worten möchte ich hier enden: *„Fürchte nicht den Tod, sondern nicht gelebt zu haben!"* Im Herzen sind wir doch alle weise Helden, oder?

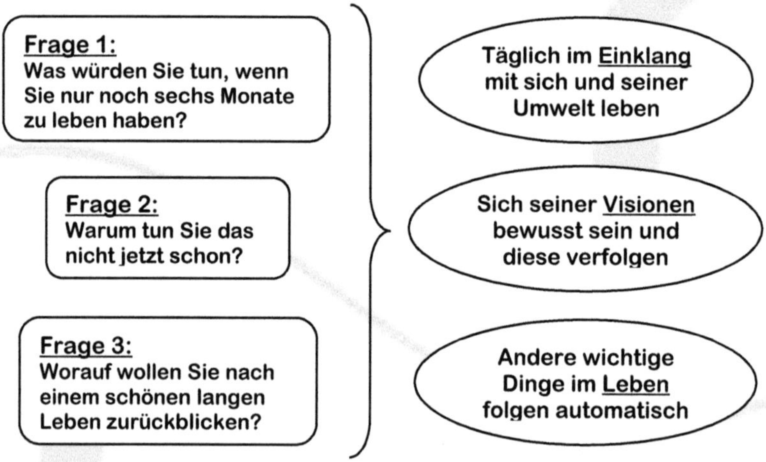

Frage 1:
Was würden Sie tun, wenn Sie nur noch sechs Monate zu leben haben?

Frage 2:
Warum tun Sie das nicht jetzt schon?

Frage 3:
Worauf wollen Sie nach einem schönen langen Leben zurückblicken?

Täglich im Einklang mit sich und seiner Umwelt leben

Sich seiner Visionen bewusst sein und diese verfolgen

Andere wichtige Dinge im Leben folgen automatisch

Abbildung 31: Zentrierende Fragen zum Sinn des Lebens (nach John Izzo, „Die fünf Geheimnisse...")

Platz für Ihre Visionen:_____
_____...

Finale

Wie beim Theaterstück kommt es im Leben nicht auf die Länge, sondern darauf an, wie gut gespielt wird.

Seneca, 4 v. Chr. – 65 n. Chr., angeblicher Verschwörer, beging Suizid

Ihr weisen Leser!

Ich möchte ein paar persönliche Worte voranstellen. Dieses Buch habe ich in einem Stück und in knapp fünf Wochen geschrieben. Damit meine ich natürlich nur den Grundtext, ohne Zeichnungen und Überarbeitungen etc. Das ging recht schnell, ist aber gar nicht so verwunderlich bei mir, einen Ex-Workaholic. Zu Beginn wusste ich auch schon ziemlich genau, was ich schreiben wollte. Am Anfang ist es dabei nur so aus mir herausgeflossen und ich konnte gar nicht aufhören zu schreiben. Später ist es mir zunehmend schwerer gefallen, die Formulierungen wollten nicht mehr so fließen und da wusste ich auch: Jetzt bin ich fast fertig und kann das Buch gut abschließen.

Beim Schreiben ist mir aufgefallen, dass ich damit eine für mich neue und mir noch unbekannte Kraftquelle entdeckt habe. Es hat mich zwar vorübergehend ganz schön ausgelaugt, aber ich war zunächst durchweg zufrieden mit dem ersten Ergebnis. Diese Zufriedenheit wurde jedoch in den nächsten Monaten durch die unterschiedlichsten Anmerkungen meiner Erstleser aufgeweicht. Irgendwie spornte mich das aber immer wieder an, sodass ich *„mein Werk"* noch etliche Male zur Hand nahm, Korrektur las, ergänzte oder umschrieb. So wurden aus fünf Wochen schnell fünf Monate. Ich bin eben doch kein Genie…

Doch mein Ziel war es, meine Erkenntnisse und Erfahrungen möglichst kurzweilig, lebendig und nachvollziehbar niederschreiben. Ich hoffe, das ist mir im Großen und

Ganzen gelungen. Hier war das Feedback meiner Kritiker aus dem Familien-, Freundes-, Bekannten- und Kollegenkreis glücklicherweise durchwegs positiv. Aber wie ich zu Beginn schon meinte: Das Buch schrieb ich zwar zunächst für mich, hege aber darüber hinaus noch die Hoffnung, dass dieses Buch auch anderen Menschen viel Spaß und neue Erkenntnisse bringt.

Es ist mir daher ein wichtiges Anliegen, dass Sie und andere von diesem Werk mindestens soviel profitieren wie ich selbst. Ich wünsche mir, dass Sie viele persönliche Einsichten gewonnen haben und zumindest auf dem Weg sind, Ihre eigene Balance zu finden.

Einen Titel zu diesem Buch, der das möglichst gut aussagt, hatte ich auch schon ziemlich früh in meinem Kopf: *„Sei Dein eigenes Licht und betrüg Dich nicht"* sollte es heißen. Dass ich diesen Titel dann doch nicht verwendet habe, liegt ganz einfach darin, dass man ihn mit einem Poesiealbumsspruch gleichsetzte und ihn zu brav fand. Also kam mir *„Glutstaufe"* in den Sinn, die ich als Burnoutler ja buchstäblich durchlebt hatte.

Viele Gedanken sind mir erst durch tiefe Gespräche gekommen.

Zumeist fand der Gedankenaustausch mit anderen Betroffenen, in Selbsthilfegruppen, mit meinem Sportkumpel, Ärzten, Therapeuten, Angehörigen, meinen Eltern, anderen ganz *„normalen"* Menschen und natürlich meiner Frau statt. Meine Frau ist sicher nicht normal, denn wer es mit mir aushält und immer noch so liebevoll bleibt, kann nicht von dieser Welt sein – Schatz, ich liebe Dich! Auch vielen anderen wundervollen Menschen und besonders *„meiner Sippe"* möchte ich dazu auch meinen größten Dank aussprechen. Wer sich an dieser Stelle angesprochen fühlt, ist auch ausdrücklich gemeint!

Da dies mein erstes Buch ist, bin ich natürlich etwas unsicher damit. Die vielen Vorableser bestärkten mich aber immer wieder, mein Werk voran zu bringen. Das hat mich angespornt und daher habe ich mich auch entschlossen zu versuchen, dieses Buch zu veröffentlichen. Mal sehen, was daraus wird – der Rest ist wie bei vielen anderen Dingen auch: viel Mundpropaganda und gutes Karma.

Gelesen habe ich früher und besonders in letzter Zeit auch wieder sehr viel. Ein paar persönliche Lesetipps von Büchern, die mich bewegt oder inspiriert haben, finden Sie im Anhang. Ich habe mir dort erlaubt auch ein paar Anmerkungen hinzuzufügen, damit Sie verstehen, welchen Bezug ich zu den Büchern habe und was ich jeweils daran als interessant empfinde. Vielleicht ist ja auch etwas für Sie dabei.

Ansonsten habe ich in dieses Buch nur das geschrieben, was ich selbst erfahren habe, was mich wirklich überzeugt hat und was ich daher persönlich für richtig erachte. Meiner Ansicht nach macht es einen deutlichen Unterschied, ob wir uns eine Meinung bilden, bevor oder nachdem wir etwas erlebt haben. Dennoch mag mir nicht jeder in allen Punkten zustimmen. Sicher ändere ich meine Meinung hier und da auch noch im Laufe meines Lebens. Daher fände ich es großartig, wenn meine Zeilen Sie und andere zum Nachdenken anregen und hoffe, dass dadurch wiederum neue Erkenntnisse aufkommen und weitere Bücher geschrieben werden.

> Wer mich kennt, weiß, dass ich Menschen stets unvoreingenommen gegenübertrete.

Religion, Hautfarbe, Kultur, Geschlecht oder sonstige Neigungen sind mir alle gleich. Trotzdem ist mir zum Ende hin aufgefallen, dass ich meist die maskuline Form gewählt habe. Beim Versuch, das nachträglich noch zu ändern, habe ich gemerkt, dass dabei oft der Sinn der Ausführungen verloren geht. Ich bin daher recht pragmatisch bei der Ursprungsversion geblieben und hoffe, Sie können auch damit leben.

Wenn Ihnen Begriffe oder Formulierungen trotzdem nicht gefallen oder Sie etwas im Text stört, dann streichen Sie das doch einfach durch und ersetzen es durch etwas Zweckmäßigeres. Nehmen und nutzen Sie dieses Buch, wie es Ihnen gefällt – es ist ja hoffentlich Ihr Buch.

Ich habe dieses Buch aus Sicht eines Betroffenen geschrieben und kann mir auch gut vorstellen, dass dem einen oder anderen das wissenschaftliche Fundament fehlt. Erstens, da haben sie recht! Zweitens, wissenschaftliches Arbeiten ist mir durchaus nicht fremd, aber schien mir hier nicht angemessen zu sein. Wie mein „Prof." das so treffend ausdrückte: *„Wenn etwas richtig ist, dann ist es das auch unabhängig vom Ursprung".*

So habe ich mich bewusst gegen ein wissenschaftliches Werk entschieden – der Markt ist eh´ schon voll damit. Beim Schreiben dieses Buches wollte ich auch ein wenig Spaß haben und meiner persönlichen Note Ausdruck geben. Daher zum Abschluss noch einer meiner Lieblingssprüche hierzu: *„Fische haben keine Ahnung was H_2O ist, schwimmen aber besser, als jeder Chemiker!"* Raten Sie mal mein Sternzeichen...

Sie sehen, ich werde mir treu bleiben und wünsche Ihnen dasselbe! Ein paar Anregungen für Ihr zukünftiges Leben zu Ihrer Balance, sowie Zufriedenheit und Glückseligkeit hoffe ich Ihnen gegeben zu haben. Ein letzter Tipp von mir und ein gutes Lebensmotto sowieso: *„Nimm nie mehr, als Du brauchst und gib nie weniger, als Du kannst!"*

Herzlichst, Ihr

Jens Erik

Glutstaufe

Jens Erik

Über den Autor

Wer oder wie ist Jens Erik eigentlich? Vieles haben Sie sicher schon dem Buch entnehmen können. Darüber hinaus habe ich diese Frage einfach mal in meiner Umgebung gestellt und einige auch für mich interessante Antworten erhalten. Nachfolgend habe ich das einmal für Sie und mich zusammengefasst:

Jens Erik ist ein rastloser Mensch. Er ist verliebt in die Menschheit, seine Frau und manchmal auch in sich selbst. Er war - und ist es vielleicht immer noch – überengagiert und ein wenig zwanghaft. Er arbeitete bis er völlig ausgebrannt nicht mehr wusste, wie es weitergeht. Nun, nach einigen Fehlstarts, startet er mit neuer Kraft durch.

Jens Erik wirkt sympathisch, gradlinig, aufmerksam und ausdauernd. Er ist pragmatisch im Denken, stets ein guter Zuhörer und Beobachter. Auf diese Weise erstaunt er viele Menschen und so manchen Arzt oder Psychologen mit seinen Ansichten, Einsichten und Erläuterungen.

Er meint, er war nie ein Kämpfer. Trotzdem scheint er seine Ziele gut und oftmals eher und besser als andere zu erreichen. Er setzt auf Durchhaltevermögen, Vorausschau und sucht immer seine Abkürzungen oder *„Lücken",* wie er das nennt. Vor allem kooperiert er lieber im Leben als mit ausgefahrenen Ellenbogen an Tempo zu verlieren.

Sein Lebenslauf wies stetig und kraftvoll in eine Richtung und weist nun einen ungewöhnlichen Bruch auf. Während seines ersten Lebens hat er sich vom Facharbeiter ins Management durchgearbeitet. Er sagt *„durchgearbeitet",* nicht hochgearbeitet, denn Hierarchien haben ihn nie beeindruckt. Und eigentlich hat er bis jetzt durchgearbeitet: während der Schulzeit, den Ferien, nach der Arbeit, als

Glutstaufe

Abendstudent oder in verschiedenen Ehrenämtern. Fast 30 Jahre war er so in der gleichen Branche tätig, aber ständig auf der Suche nach neuen Aufgaben und Herausforderungen.

Als Techniker mochte er die Suche nach Lösungen, aber spätestens im Management wurde ihm die zunehmende Aufgabenlast und ausufernde Bürokratie bei rückläufigen Ressourcen zuviel. Daraus musste er letztendlich Konsequenzen ziehen und sich neu orientieren.

Jens Erik war und bleibt Weltreisender und dabei oft Ratgeber für Menschen in allen Lebenslagen. Dadurch hat er viele Freunde auf dieser Erde gewonnen, was ihn nachhaltig prägt. Nun, in seinem zweiten Leben, versucht er die Dinge etwas gemächlicher anzugehen. Das Leben zu genießen ist ihm wichtiger geworden; vor allem mehr Zeit mit seiner Frau, Familie und Freunden zu verbringen, Hobbies und Sport nachzugehen oder auch mal zu faulenzen.

Er engagiert sich aber trotzdem genügend, besonders in der Selbsthilfe. Dort hat er Selbsthilfegruppen zum Thema Burnout begründet oder begleitet, und arbeitet nun in der Erwachsenenbildung für Selbsthilfegruppen.

Seine Leidenschaft zur Technik und dem Zweiradfahren frönt er jetzt rege und zieht so fast täglich seine Runden mit seiner Frau oder seinem Fahrradkumpel. Nach seiner *„Glutstaufe"* möchte er nun dort wirken, wo er gebraucht wird und wo es ihn hinzieht.

Suchen Sie Kontakt zum Autor?

Dann können Sie ihm natürlich auch etwas Kurzweiliges und zunächst möglichst Kurzzeiliges schreiben.

Sie erreichen ihn unter <u>JensErik42@yahoo.de</u>

Anhang – Tipps zu den Kraftquellen

Abwechslung ist immer süß.

Euripides, 480-406 v. Chr., griechischer Tragödiendichter

Um Überlastungen oder Hindernissen im Leben aus dem Weg zu gehen, kann es oft sinnvoller sein, den Fokus nicht auf die belastenden Dinge zu richten, sondern wieder auf das, was uns wieder Mut, Kraft und Energie gibt. Das nenne ich *„Kraftquellen"*.

Sie erinnern sich sicher auch noch an das dazugehörige Kapitel mit den Kraftquellen. Jeder von uns schöpft seine Energien aus unterschiedlichen Dingen oder Tätigkeiten. Da lohnt sich ein Blick auf die Vielfalt an Möglichkeiten, die uns zur Verfügung stehen. Die nachfolgende Liste ist dabei nur als Vorschlag zu verstehen und Sie können diese natürlich beliebig für sich anpassen oder erweitern.

Mein Vorschlag: Achten Sie auf ein ausgewogenes Leben mit einer ausgeglichenen Bilanz Ihrer persönlichen Kraftquellen. Suchen Sie sich raus, was Ihnen zusagt, probieren Sie vielleicht auch mal was Neues aus und finden Sie Ihre individuelle Balance.

Natur:

Unser *„Steinzeithirn"* sucht immer wieder Kontakt zur Natur und der Vielfalt an Landschaften: Berge, Wälder, Wiesen, Seen, Strand und Meer. Aber auch die Elemente: Luft, Wasser, Erde etc. – egal ob warm oder kalt. Das brauchen wir und das tut uns bei jeder Jahreszeit gut – es gibt bekanntlich kein falsches Wetter, sondern nur falsche Kleidung. Ähnliches gilt für Tiere, ob zu Haus oder in der Natur. Auch mit denen sind wir tief verbunden.

Licht:

Menschen sind wie Pflanzen – ohne Licht gehen sie ein. Also gehen wir raus! Und das beste Licht ist immer noch das Tageslicht. Unsere Sonne gibt uns nicht nur Helligkeit, sondern auch eine große Farbenvielfalt: Ob Morgenröte oder Abenddämmerung. Auch sieht die Natur zu unterschiedlichen Jahres- und Tageszeiten ganz anders aus. Bei schlechtem Wetter tut's vielleicht auch mal ein Wintergarten oder Solarium.

_____

_____

Bewegung:

Unser Körper und unsere Seele brauchen Bewegung und Antrieb. Dadurch lassen sich Spannungen, Stress und deren angesammelte Hormone am besten abbauen. In der Natur und unter Menschen spüren wir das besonders gut. In Bewegung fühlen wir uns frei und unabhängig.

_____

_____

Arbeit:

Arbeiten und Aufgaben zu erledigen bringt uns Anerkennung und Erfolgsgefühle. Unabhängig vom Finanziellen, fühlen sich viele nützlich und das gibt manchen Menschen erst einen Sinn im Leben. Regelmäßige Abläufe ergeben Rhythmus und Struktur. Die Entlohnung ermöglicht uns Wohlstand und Konsum von Gütern oder Dienstleistungen. Auf eine gute Dosierung kommt es bei allen Arbeiten an, um Überforderung oder Langeweile zu vermeiden.

_____

_____

Menschen:

Der Mensch ist ein Herdentier und wir brauchen menschliche Kontakte, damit wir nicht vereinsamen. Gemeinsame Kulturen oder Ansichten verbinden und schaffen Gemeinschaften sowie Zugehörigkeitsgefühle. In Gesprächen lassen sich Informationen und Neuigkeiten austauschen. Ein gutes Miteinander gibt uns Anerkennung und Aufmerksamkeit im Leben.

Freunde:

Sich einen eigenen Freundeskreis aufzubauen, entspricht unserem urinstinktiven Sinn nach engeren Kontakten und Verbindungen. Hierzu gehören gemeinschaftliche Freunde, engere Busenfreundinnen oder Kumpels, sonstige oder neue Freunde, sowie (Selbsthilfe-)Gruppen, Vereine oder Gemeinden. Gemeinsame Interessen und Aktivitäten gehören dazu und geben zusätzlichen Halt.

Partner:

Einen festen Partner zu finden und zu halten, ermöglicht es uns ein gemeinsames Leben aufzubauen – nicht nur in wirtschaftlicher Hinsicht. Der Austausch von Zuwendung und Intimität gibt besonderen Halt und ein sehr starkes Gemeinschaftsgefühl. Der umsichtige Umgang mit Nähe und Wertschätzung ist hier ein besonders wichtiger Aspekt für unser Wohlbefinden.

Familie:

Die größte Prägung erhalten wir innerhalb der Familie und hier geben wir auch viele unserer Erfahrungen weiter. Ideale und Gedanken können so über Generationen weiterleben. Mit den Familienmitgliedern sind wir in der Regel gefühlsmäßig stark verbunden. So kann sich Halt, Verbundenheit und ein enges Gemeinschaftsgefühl aufbauen. Streitigkeiten können das Wohlbefinden deutlich mindern, Versöhnungen indessen verbessern.

_____

_____

Glaube:

Ob an Gott, Allah, das Universum oder wie ein Kind an den Weihnachtsmann – Glaube versetzt Berge und ist eine unerschöpfliche Quelle von Hoffnung und Kraft. Glauben an etwas Größeres gibt Halt und Zuversicht, auch in schweren Stunden. Er ermöglicht starke Gemeinschaften und Vertrauen aufzubauen. Beten, Meditieren o.ä. ermöglichen uns eine Konzentration auf das Wesentliche.

_____

_____

Erlebnisse:

Erlebnisse zu haben, bedeutet Erfahrungen zu machen und diese zu empfinden. Das können wir im Alltag oder bei der Arbeit haben, aber besonders positiv bemerken wir sie bei Freizeitbeschäftigungen oder wenn wir unseren Neigungen nachgehen. Dann ist unsere Aufmerksamkeit für Angenehmes besonders hoch und wir können besonders bewusst mit allen Sinnen erleben. Das Zurückerinnern ist auch Teil des Erlebens.

_____

_____

Bewusstsein:

Unsere Existenz bewusst zu erleben und zu begreifen, können wir durch Meditieren, Beten oder andere Konzentrationsübungen tun. Dabei wird unsere Wahrnehmung und Aufmerksamkeit ganz bewusst auf den Moment oder das *„Hier und Jetzt"* gerichtet. Das kann viel **Ruhe** und Ausgeglichenheit bringen.

Selbstbestimmung:

Selbstbestimmung zu erfahren, bedeutet zunächst, sich selbst zu spüren und auch zu lieben. Zum Erhalt der Handlungsfähigkeit sollte jeder bewusst auf sich hören und sich treu bleiben. Ein gesundes Maß an Egoismus und Verweigerung kann uns vor Überforderung schützen.

Ruhe:

Neben Aktivitäten brauchen wir sicher auch das richtige Maß an Ruhe, Abstand und Erholung. Das benötigen wir, um positive oder negative Dinge zu verarbeiten. Mit Ruhe und Geduld gehen manche Dinge auch besser. Nach einer ausgiebigen Aktivität tut eine Entspannung natürlich besonders gut.

Glutstaufe

Weitere persönliche Kraftquellen:

1,_____
_____

2,_____
_____

3,_____
_____

Ihre eigene Kraftspinne:

Stellen Sie sich vor, Sie haben so 30-40 Punkte und können die nun nach Wichtigkeit auf die Arme des folgenden Spinnenmodells verteilen. Dann haben Sie doch ein schönes Modell Ihrer persönlichen Kraftquellen.

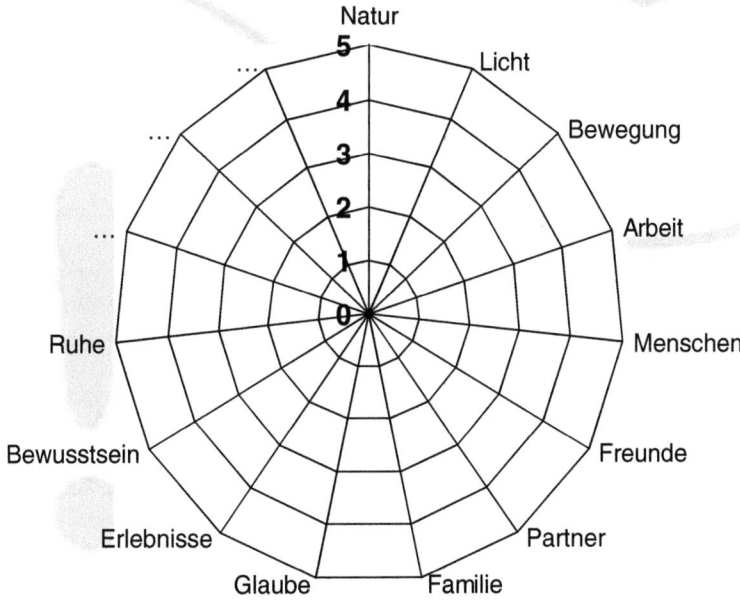

Zum Weiterlesen – Literatur- & Hinweisliste

Die besten Gedanken kommen hinterher.

Euripides, um 480-406 v. Chr., griechischer Dramatiker

Die nachfolgende Literaturliste ist nicht unbedingt zum Nachschlagen oder als weiterführende Literatur gedacht. Sie umfasst vielmehr Bücher, die mich im Leben oder zu den geschriebenen Kapiteln inspiriert haben. Die Liste ist alphabetisch nach Nachnamen sortiert.

Da Geschmäcker bekanntlich unterschiedlich sind, habe ich vorsorglich ein paar Anmerkungen zum jeweiligen Inhalt, den Themen oder dem Charakter der Literatur bzw. des Autors hinzugefügt. Vielleicht kennen Sie schon etwas oder wollen es einmal durchblättern? Viel Spaß dabei!

<u>Douglas Adams</u> *"Per Anhalter durch die Galaxis"*
Ullstein Buch Verlag, 1985
Leider ist der britische Autor früh verstorben. Er hat uns aber mit diesem und den nachfolgenden Werken eine höchst humorvolle, sympathische und phantasievolle Sichtweise auf uns, das Leben und das, was dahinter stecken könnte, beschert.
Das Buch ist dreimal verfilmt worden, was meines Erachtens nie dem Witz und Charme des Ursprungswerkes gerecht wurde. Wenn Sie den Anhalter noch nicht kennen: Unbedingt zuerst das Buch lesen – sonst ist es fast unerlässlich, es anschließend zu tun. Sie können da alles über „*Problem-Anderer-Leute-Brillen*", glückliche Regenwolken, depressive Roboter, den Ursprung der Erde und ihrer Besitzer sowie die Antwort auf „*die Frage des Lebens, des Universums und allem*" erfahren.
Dieses Buch ist sicher auch eine gute Ablenkung und Nachtlektüre. Ich teile mit dem Autor seine humorvollen und verblüffenden Sichtweisen, was Sie vielleicht an meinem Schreibstil erahnen können.

<u>Jan Becker</u> „*Ich kenne Dein Geheimnis*"
Pendo Verlag, 2011

Glutstaufe

Jan Becker ist der Wahnsinn – auch wenn ich seine Auftritte früher für Humbug gehalten habe. Kaum ein Mensch kann ihm etwas vorspielen oder sich ihm entziehen, da er Dinge wahrnimmt, auf die wir kaum achten. Er verzaubert Menschen und lässt uns noch an seinen Erfahrungen teilhaben.
In seinem Buch geht es ums Wahrnehmen und Deuten von menschlichen Gesten, Blicken, Regungen oder sonstigen Zeichen. Zurück zum naiven Denken, entzaubern von vermeintlich übersinnlichen Fähigkeiten. Er lädt ein, zum Spielen und Experimentieren, um selbst Wunder zu erleben und zu verbreiten. Er möchte: *„unsere Welt mit Schönheit und dem Unerklärlichen reparieren"*. Da würde ich gerne helfen.
Mit Jan Becker möchte ich gerne eines Tages einen Kaffee trinken und übers Leben quatschen. Ich glaube fest daran und so wird es wohl einmal sein. Was mich an ihm jetzt schon beeindruckt ist, dass er seine Gabe bereits sehr früh und zumeist auf der Straße erlernt hat. Auch scheint es ihm ein Anliegen, keinen Mythos um sich aufzubauen, sondern klar zu machen, dass diese Fähigkeit in uns allen steckt. Übung macht den Meister...

Richard Nelson Bolles *„Die besten Jahre"*
Campus Verlag, 2008

Wann wir aufhören zu arbeiten, können wir uns bisweilen nicht aussuchen, wie es *danach* weitergeht dagegen schon. Und das sollten wir bereits frühzeitig und umfassend tun – rät Richard Nelson Bolles, einer der weltweit führenden Lebensberater. Er beschreibt in seinem Buch ziemlich umfassend, wie wir eine zweite Karriere im Ruhestand planen können. Dabei geht es nicht nur um finanzielle oder gesundheitliche Aspekte, sondern vor allem wieder um unsere Zufriedenheit. Ruhestand bedeutet bei ihm auch nicht unweigerlich, mit einer Beschäftigung aufzuhören, sondern sich auch neue Tätigkeitsfelder zu erobern.
Die Kapitel sind lehrreich und übersichtlich aufgebaut. Sie beinhalten Fragen und Aufgaben, die zum Schluss zusammengesetzt ein ganzheitliches Bild unserer Aussichten zeigen.
Die deutsche Version des Originals *„What Color is your Parachute? For Retirement"* ist von Madeleine Leitneran den deutschen Begebenheiten umfassend angepasst worden und somit mehr als nur eine bloße Übersetzung. Damit ist das Buch ein

guter Ratgeber für die eigene Zukunftsplanung – insbesondere, wenn es nicht mehr um die große Karriere geht...

Michael Burchardt „Mikrotheorie"
Bund-Verlag, 1986
Ein zugegebenermaßen recht theoretisches Wirtschaftsbuch, welches aber sehr strukturiert die wirtschaftlichen Grundmodelle der Volks- und Betriebswirtschaftslehre erklärt. Dabei geht der Wirtschaftsprofessor Michael Burchardt sehr auf das Entscheidungsverhalten von Haushalten und Unternehmen ein, die sogenannte Mikrotheorie.
Aus deren Optimierungsprozessen, mit ihren limitierenden Faktoren, können wir auch viel über die Bedürfnisbefriedigung von Menschen lernen.
Ich hatte in meinem Buch bereits die beiden Gossenschen Gesetze erwähnt, die ich mir auch nach meinem Wirtschaftsstudium immer wieder mal vor Augen halte.

Stephen Hawking „Die kürzeste Geschichte der Zeit"
Rowolth Verlag, 2007
Wer wissen möchte, wie das Universum und die Zeit wirklich funktionieren und wie sich die Vorstellung unseres Weltbilds im Laufe der Geschichte verändert hat, ist bei einem der führenden Physiker unserer Zeit bestens aufgehoben. Auch Einstein, Newton und Galileo finden da ihren Platz.
Ob nun Relativitätstheorie, Wurmlöcher oder Zeitreisen – mit diesem Buch kann man wohl jeden Science Fiction Film auseinandernehmen, aber auch sehr viel über unser Verständnis vom „Sein" und unserer Wahrnehmung erfahren. Obwohl ein Bestseller, sollten Sie das Buch vor dem Kauf kurz anlesen.

Eckard von Hirschhausen „Arzt - Deutsch, Deutsch - Arzt"
Langenscheidt Verlag, 2007
Dieses Buch wird Ihnen helfen Ihren Arzt besser zu verstehen, darüber hinaus gibt es humorvolle Einblicke in die Medizin und deren Anhängsel, den Medizinern und Arztpraxen. Zu Letzteren gibt es sehr hilfreiche Auswahlempfehlungen und die medizinischen Erläuterungen von Fachbegriffen sind auch nicht ohne. Ein paar Schnelltests zum Prüfen Ihrer momentanen Verfassung können ebenso Ihr Wohlbefinden steigern, wie der feinsinnige Humor oder die Erläuterungen zu diversen Nervenleiden.

Glutstaufe

Der Humanmediziner und Kabarettist Dr. Eckard von Hirschhausen hat es sich offensichtlich zur Lebensaufgabe gemacht, Menschen zu beglücken und mit ihnen lachend gesund zu bleiben. Daher möchte ich Ihnen auch seine ausgezeichneten Auftritte bzw. CDs zu den Themen *„Glücksbringer"*, *„Glück kommt selten allein"* und *„Liebesbeweise"* ans Herz legen.

John Izzo *„Die fünf Geheimnisse, die Sie entdecken sollten, bevor Sie sterben"*
Wilhelm Goldmann Verlag, 2010

John Izzo hat mit diesem Buch die Erkenntnisse und Lebenserfahrung von über 200 Menschen, die andere Menschen als *„Weise"* bezeichnen, zusammen getragen. Dabei geht er überaus wissenschaftlich vor und kommt zu einigen überraschend simplen und zunächst unspektakulär erscheinenden Ergebnissen. Es sind aber auch die kleinen Geschichten, Fragen und Hinweise, die das Buch kurzweilig und erkenntnisreich machen. Ich teile mit John Izzo die Ansichten, Erkenntnisse und Lebensweisheiten. Die persönliche Ansprache und der ruhige Ton sind mir dabei äußerst angenehm.

Carmen Kaufmann *„Sich durchsetzten Trainer"*
Haufe Verlag, 2007

Das ist ein gutes kleines Buch zu den Themenbereichen Gesprächsführung, Moderation und *„sich durchsetzen"*. Trotz des kleinen Formates wartet es mit vielen praktischen Übungen und einer ergänzenden CD zur mentalen Stärkung auf.
Angenehm bei diesem Ratgeber von Carmen Kaufmann finde ich, dass er hilft, das eigene Verhalten zu analysieren und zu überdenken, Alternativen aufzeigt und auch den Gesprächspartner mit einbezieht – da ist sicher für jeden etwas dabei.

Hape Kerkeling *„Ich bin dann mal weg"*
Malik Verlag, 2006

Hape Kerkeling, *„Buddhist mit christlichem Überbau"*, beschreibt in seinem Tagebuch eine Wanderung auf dem Jakobsweg nach Santiago de Compostela. Er machte dies im Jahre 2001, als er während einer gesundheitlichen und seelischen Krise buchstäblich keinen anderen Weg mehr gehen konnte. Und das war gut so – sowohl für ihn als auch für uns.

Glutstaufe

Er flüchtet sich nicht in sein Elend, sondern tut etwas und schreibt es auch auf. Sein sechswöchiger Pilgerbericht gibt tiefe Einblicke in sein Leben, seine Person, seine Ansichten und Fähigkeiten. Er zeigt uns, wie er die Welt neu erlebt, gibt kurzweilige Einsichten in das Leben und fasst diese mit seinen *„Erkenntnissen des Tages"* prägnant zusammen
Daraus können wir viel lernen und das regt auch zum Nachdenken oder Nachahmen an. Oder wie *„Hape"* das sinngemäß ausdrückt *„jeder muss seinen eigenen Jakobsweg gehen"*.
Das Tagebuch ist auch als Hörbuch erhältlich und sehr empfehlenswert. Seine Stimme wirkte auf mich sehr beruhigend.

Wolfgang Krüger *„Liebe, Macht und Leidenschaft"*
Herder Verlag, 2006
Wolfgang Krüger beschreibt in seinem Buch sehr detailliert und mit kurzweiligen Beispielen, wie aus verliebten Partnern engstirnige Streithammel werden können. Er geht dabei auf die verschiedenen Machtstrategien der Geschlechter ein und zeigt mögliche Folgen, wie Flucht, Kampf oder Abgrenzung. Zuletzt gibt er vielfältige Ratschläge, wie man auch aus verfahrenen Situationen herauskommen kann, und wie Macht und Liebe doch noch unter einen Hut zu bekommen sind. Bei ihm scheint das Überleben der Liebe im Vordergrund zu stehen.
Wolfgang Krüger scheint ein sehr erfahrener Psychologe und Paartherapeut zu sein, bei dem mir sein Blick für die verschiedensten Aspekte der Liebe sowie seine freigiebigen und versöhnenden Ansichten sehr gut gefallen.

Werner Tiki Küstenmacher *„simplify your life"*
Campus Verlag, 2006
Die Autoren, das sind Ehepaar Küstenmacher sowie der Zeitmanagement-Experte Seiwert, haben einen außerordentlich simplen aber nutzbringenden *„Ausmistungsberater"* geschaffen. Dabei geht es zunächst ums Bilanz ziehen im Leben: Was ist uns wichtig, wie können wir etwas Vereinfachen, und dann kommt das rigorose Aufräumen. Dabei geht es um alle Lebensbereiche; angefangen beim Schreibtisch und unserem ganzen Plunder, bis hin zu unseren Finanzen, Beziehungen, unserer Gesundheit, Zeit und schließlich uns selbst. Das Ziel ist ein im wahrsten Sinne des Wortes aufgeräumter Mensch.

Glutstaufe

Der Berater zum Ausmisten für alle Lebenslagen ist schon ein Klassiker geworden und hat inzwischen Kinder bekommen: „*Simplify your work, love, time, drive…*" sowie einen monatlichen Beratungsdienst gibt es inzwischen.
Das Buch ist voll mit vielen kurzen, gut verständlichen und toll illustrierten Tipps, Regeln und Ratschlägen zum „*unkomplizierter machen*", um sich mehr Raum im Leben zurückerobern.

Arthur Lassen „*Heute ist mein bester Tag*"
LET Verlag, 2005
Zunächst verwirrte mich der Ratgeber mit seinen vielen Zeichnungen, Denkzetteln, Lebensweisheiten, Beispielen und Sprüchen. Dieser Motivationstrainer sollte langsam und stückweise angegangen werden, dann können Sie ihn nicht nur gut genießen, sondern auch viel Neues erlesen.
Zu jedem Tag im Jahr gibt es auch einen kleinen Spruch. Was dort im Buch steht, ist jedoch allemal klüger und weiser als gewöhnliche Kalendersprüche. Da sind klasse Ideen dabei, unter anderem ein Spiegel, der stets den Menschen zeigt, der für unser Leben verantwortlich ist (also wir selbst).

Tom Lowenstein „*Buddhistische Inspirationen*"
Patmos Verlag, 2006
Es mag andere, für manche vielleicht besser geeignete Bücher zum Thema Buddhismus geben. Für mich aber war das Buch vom Tom Lowenstein sehr aufschlussreich und es wurde mir gereicht, als ich es in einer Krise sehr gut gebrauchen konnte.
Viele buddhistische Elemente finden sich auch in anderen Religionen wieder und so müssen die weltoffenen buddhistischen Lehren nicht unbedingt im Widerspruch zum Christentum o.ä. stehen – so glaube ich, ist dieses Buch auch am besten zu verstehen. Zum Schluss gibt es auch noch eine reichhaltige Liste an Literaturempfehlungen.
Das Buch „*Buddhistische Inspirationen*" hat mir die Bedeutung von Begriffen wie Achtsamkeit und Aufmerksamkeit, den Mittelweg suchen, Schicksal und Handeln, Verzicht und Leere, Loslassen und Freigiebigkeit, sowie Mitgefühl und Selbstliebe näher gebracht. Es hat mir auch neue Wege der Erkenntnis, Offenbarung oder Weisheit gezeigt und wie alltäglich diese sein können.

Glutstaufe

Manfred Lütz „*Irre! Wir behandeln die Falschen – Unser Problem sind die Normalen*"
Goldmann Verlag, 2011
Mein beruhigendes Fazit nach dem Lesen des Buches: Zu glauben, nicht normal zu sein ist oft normaler, als normal zu sein. Der Psychiater Manfred Lütz warnt ausdrücklich „*vor der Diktatur der Normalität*" und plädiert für's Alternativen sehen, ausprobieren und akzeptieren. Behandelt werden sollte nur der, der es wirklich nötig hat und das herauszubekommen, ist oft die schwierigste Aufgabe – zu den betroffenen Menschen gehören sicher auch viele der vermeintlich „*Normalen*", die leider viel zu selten in die Praxen gehen...
Manfred Lütz erklärt auch sehr humorvoll Fachbegriffe und Behandlungsmethoden der Psychiatrie und Psychotherapie, wie zum Beispiel die Sucht, Manie oder auch die Schizophrenie – Mir hat's gefallen, mir auch!

Bärbel Mohr „*Bestellungen beim Universum*"
Omega Verlag, 2007
Was immer wir benötigen, wird es irgendwo im Universum geben – schon deshalb, weil wir es uns ja vorstellen können. Nun müssen wir es uns nur noch bestellen. Hierzu beschert uns Bärbel einen kleinen Kurs in positiv Denken und Wünschen. Da unsere Handlungen unserem Unterbewusstsein folgen, macht das auch Sinn.
Bärbel – ich nenne Sie beim Vornamen, da sie uns in ihrem Buch bewusst duzt – macht das auf eine angenehm freigiebige Art. Wir lernen und üben bei ihr nicht nur das unterbewusste Programmieren unserer Wünsche, sondern auch, Entspannung und Frieden zu suchen und zu finden.
Außerdem hat sie mir mit ihrem Nachwort gezeigt, dass man ein Buch nicht in den Markt drängen muss, sondern auch erst einmal so unter Freunden und Bekannten verteilen kann, um abzuwarten, bis es soweit ist mit einer Veröffentlichung in größerem Maße. Danke, Bärbel!

Tilmann Müller und Beate Paterok „*Schlaftraining*"
Hogrefe Verlag für Psychologie, 2010
Dies ist eigentlich ein Therapiemanual zur Behandlung von Schlafstörungen. Es gibt aber gute Einsichten in unser Schlafverhalten, in Schlafstörungen und entsprechende Auswege. Mit

Glutstaufe

der Anleitung zur Methodik der „Schlafrestriktion" durch Erzeugung eines zunehmenden „Schlafdrucks" wendet sich dieses Buch eher an Therapeuten. Es ist aber trotzdem gut lesbar und sehr verständlich.

Dieses Buch hat mir gezeigt, wie Strategien für einen besseren Schlaf gefunden werden können, auch wenn ich dem bis heute nicht immer folge.

Frank Schätzing „Limits"
Verlag Kiepenheuer & Witsch, 2009

„Limits", das sind 1320 Seiten geballte Ladung Zukunft – nahe Zukunft wohlgemerkt! Wer denkt, dass es sich bei diesem Roman um Fantasy oder Science Fiction handelt, der irrt sich gewaltig. Dies ist die realistischste Voraussage der politischen und wirtschaftlichen Großwetterlage, die ich bisher gelesen habe. Er beschreibt Ereignisse des Jahres 2025 – eine Zeit, die wir noch gut erleben können.

Seine Wortgewandtheit erzeugt wieder einmal knisternde Spannung, beinhaltet einiges an Wortwitz und psychologischen Klugheiten. Dazu gibt es technologische Exkurse zur Energieversorgung von morgen, Weltraumlifte und natürlich „Liebe machen" in der Schwerelosigkeit.

Frank Schätzing versteht es, perfekt zu recherchieren und zu prognostizieren. Er beschreibt dabei lediglich das, was zumindest im Ansatz heute schon zu erkennen ist. Meine diversen Reisen nach China, Asien und Nordamerika haben mich schon lange nachdenklich gemacht, was sich dort anbahnen könnte.

Lassen Sie sich in unsere nahe Zukunft entführen und erwägen Sie diesen Roman für gewollt schlaflose Nächte. „Limits" gibt es übrigens auch als Hörbuch und auch seine anderen Werke sind nicht ohne.

Auch mit ihm würde ich gerne einmal unsere Städte und Lebensmittelpunkte durchforsten – mal sehen, was sich in der Zukunft so ergibt...

Bernt Spiegel „Die obere Hälfte des Motorrads"
Motorbuch Verlag, 2009

Für Motorradfahrer ein „Muss-", ansonsten zumindest ein „Kann-" Buch. Bernt Spiegel ist nämlich nicht nur Motorradtrainer, sondern auch Verhaltensforscher und Universitätsprofessor. Als solcher schafft er es unerreicht, uns den Gebrauch von

Glutstaufe

Geräten und Fahrzeugen zu erläutern. Er zeigt auf, was dabei in unserem Kopf und Bauch vor sich geht und wie wir uns das zunutze machen können.

Beim Suchen von „*Lücken*" und Überwinden von Ängsten hat mir kein Buch im Leben mehr genützt. Die Bedeutung von Hilfsvorstellungen ist mir hier erst klar geworden und ich nutze das auch reichlich in meinem Buch.

Mit Bernt Spiegel würde ich gerne einmal eine Mopedtour machen, einkehren und „*Benzin quatschen...*"

Siegfried und Inge Starck „*Sokrates für Manager*"
ECON Taschenbuch Verlag, 1989

Ein starkes Buch von den Autoren Starck über nicht alltägliche Sprüche von antiken Philosophen und Dichtern, die einem auch heute noch viel Weisheit vermitteln. Vorab heißt es: „*Die Evergreens von damals wie heute sind: Karriere, Konkurrenz, Gesundheit, Prestige, Stress, Zeit, Geld und Sinn des Lebens.*"

Dieses Buch fiel mir in die Hände, als ich noch ein paar Sinnsprüche zu den Kapiteln meiner „*Glutstaufe*" hinzufügen wollte. Es war viele Jahre zwischen anderen Büchern vergraben und nun bin ich sehr dankbar, dass ich es noch habe und wieder nutzen konnte.

Paul Watzlawick „*Wie wirklich ist die Wirklichkeit*" und „*Anleitung zum Unglücklichsein*"
Piper Verlag, 1995+2009

Zu den Themen Wahrnehmung und Glück gibt es kaum kurzweiligere Bücher. Diese und andere Werke von Paul Watzlawick wurden millionenfach verkauft und sind höchst amüsant.

Er zeigt uns, wie Wahrnehmung und Kommunikation misslingen können, Verführungen, Paradoxien und Täuschungen unser Leben beeinflussen, warum dagegen Selbstbetrug, Wahn oder sich selbsterfüllende Prophezeiungen so gut klappen. An vielen Beispielen sehen wir, wie wir das besser machen können, wie wir uns selbst vertrauen und treu bleiben können. Er bleibt dabei verblüffend unkonventionell und zeigt uns auch, wie wir von anderen lernen können – insbesondere von den Tieren.

Die Bücher von Watzlawick hatte ich schon vor Jahrzehnten gelesen und kann sie immer noch genießen.

Glutstaufe

Platz für weitere Notizen:_____
_____...

Glutstaufe

Jens Erik

Glutstaufe

Jens Erik

Glutstaufe

Jens Erik